A Tradução Como Manipulação

Coleção Debates
Dirigida por J. Guinsburg

Equipe de realização – Edição de texto: Luiz Henrique Soares;
Revisão: Elen Durando; Produção: Ricardo W. Neves, Sergio Kon, Luiz
Henrique Soares e Elen Durando.

cyril aslanov
A TRADUÇÃO COMO MANIPULAÇÃO

Copyright © 2015 Cyril Aslanov.

CIP-Brasil. Catalogação-na-Fonte
Sindicato Nacional dos Editores de Livros, RJ

A858t

    Aslanov, Cyril
    A tradução como manipulação / Cyril Aslanov. - 1. ed. - São
Paulo : Perspectiva : Casa Guilherme de Almeida, 2015.
    112 p. ; 21 cm.   (Debates ; 338)

    ISBN 978-85-273-1039-0
    1. Tradução e interpretação. I. Casa Guilherme de Almeida.
II. Título. III. Série.

15-25496

CDD: 418.02
CDU: 81'25

11/08/2015   11/08/2015

1ª edição
[PPD]

Direitos reservados em língua portuguesa à

EDITORA PERSPECTIVA LTDA.

Av. Brigadeiro Luís Antônio, 3025
01401-000 São Paulo SP Brasil
Telefax: (11) 3885-8388
www.editoraperspectiva.com.br

2019

SUMÁRIO

Apresentação 9

Preâmbulo 11

1. Falsificação Voluntária ou Involuntária 21

2. A Manipulação do Estatuto do Texto Traduzido 39

3. A Tradução Como Bajulação...67

4. A Manipulação na Interpretação Simultânea........... 89

5. Conclusão 103

A Patrizia

APRESENTAÇÃO

O surgimento deste livro acompanha a trajetória das atividades da Casa Guilherme de Almeida desde que, em 2009, criou-se nela o Centro de Estudos de Tradução Literária. Como o museu se encontrava fechado ao público, em preparação para sua reabertura, suas ações culturais aconteciam inicialmente em outras instituições, como a Casa das Rosas – Espaço Haroldo de Campos de Poesia e Literatura, onde Cyril Aslanov ministrou, num sábado de maio de 2010, o breve curso "A Tradução Como Manipulação". Veio-me, então, a ideia de propor ao professor israelense, conhecedor de mais de uma dezena de línguas, que escrevesse um texto sobre o tema, tarefa que se impôs realizar em português. Dedicou-se por anos ao projeto que – após revisões que incluíram o diálogo com o autor – ora publicamos, por meio de uma prestigiosa parceria com a editora Perspectiva.

O tema discutido é, pela própria complexidade da atividade tradutória, tão fértil quanto polêmico, assim como o são pressupostos e conceitos que compõem a reflexão, como as ideias de fidelidade e de transparência. A heterogeneidade de visões – muitas vezes antagônicas – sobre tradução é um fato insuperável, e um ensaio como este tem, em princípio, a função de fornecer elementos consistentes para o debate. Também tem o papel de evidenciar certas conclusões inelutáveis acerca do traduzir, como o fato de que toda tradução, mesmo a mais "literal", inclui necessariamente opções e, portanto, "deixa uma margem de criatividade ao tradutor"; e de que a manipulação – conforme vista por Aslanov – é um recurso inevitável. Tal inevitabilidade adquire diferentes modos de existência, aos quais este livro se dedica, constituindo-se numa fonte substancial e instigante sobre a história e a tarefa da tradução, e uma referência sobre os eternos (e sempre redivivos) questionamentos por elas gerados.

Marcelo Tápia

PREÂMBULO[1]

Pretendo analisar o ato da tradução como uma difícil negociação entre uma transparência ideal e a tentação de enganar o leitor que não tem acesso ao texto original. Por meio de exemplos ministrados pela história da tradução desde a *Bíblia* dos Setenta (a Septuaginta) até as traduções modernas, vamos descrever uma "poética ou uma política do traduzir", retomando a fórmula de Henri Meschonnic[2].

No entanto, onde há poética ou poetas, o imperativo de transparência não pode ser mantido porque, de acordo com Platão[3], a mentira é uma parte constitutiva da atividade poética. O tradutor seria manipulador e mentiroso por ser poeta. Se não fosse poeta, correria o risco de ser um tradutor ruim, cujas traduções seriam comparáveis às transposições

---

1. Este livro é a ampliação de uma palestra organizada pela Casa Guilherme de Almeida na Casa das Rosas em 1º de maio de 2010.

2. *Poética do Traduzir*, São Paulo: Perspectiva, 2010, p. 3-6, 15-23.

3. Platão, *República*, III 398a.

automáticas às quais os recursos modernos da informática nos acostumaram.

O assunto deste livro me foi inspirado pela contradição liminar que obriga o tradutor a mentir e a fingir como um poeta para ser um bom tradutor. Não se trata aqui de mais uma variação sobre o tema *traduttori traditori*, precisamente porque existem tradutores de boa vontade que procuram não trair nem enganar. Mas o resultado do trabalho desses tradutores fiéis e laboriosos é tão rebarbativo e incompleto que a manipulação – mais do que a traição propriamente dita – aparece como o único recurso para resgatar o texto traduzido do limbo da interlíngua onde caiu depois de o original ter sido decodificado.

Além disso, a metáfora implícita no provérbio *traduttori traditori* supõe que o tradutor infiel trai a autoridade do autor ou do texto. No entanto, o tradutor não está traindo ninguém. Ele apenas procura subterfúgios que tornem o texto aceitável para o leitor. Dublando o autor em outra língua, o tradutor é um impostor mais do que um traidor, porque às vezes infringe as prerrogativas autorais, aproveitando-se do fato de que, na maioria dos casos, o texto escapa ao controle do seu produtor original. Mais do que trair a autoridade alheia, o tradutor pretende impor explicitamente a própria autoridade, autorizando-se pelo conhecimento da língua do texto que ele traduz. Nisso o tradutor se parece com um guia que conhece o lugar a ser mostrado aos turistas ingênuos para os quais tudo é totalmente desconhecido.

Mesmo quando o autor e o tradutor são a mesma pessoa, dificilmente ele pode abster-se de corrigir, revisar e, às vezes, manipular o texto que está traduzindo para outra língua. De modo que a autotradução não é uma verdadeira tradução, mas outra versão do texto, em outra língua. Nesse caso também há manipulação, porque o leitor acredita que o que está lendo é verdadeiramente o reflexo do texto original no texto-alvo.

A problemática da autotradução, caso-limite da tradução, revela a essência da arte interpretativa. O tradutor de seu próprio texto não pode mantê-lo no mesmo estado de redação porque ele mesmo já mudou muito desde o momento em que escreveu a primeira versão da obra. O texto e o autor obedecem ao princípio de Heráclito, πάντα ῥεῖ (*panta rei*, "tudo flui").

Além disso, o autor, embora seja a mesma pessoa, não tem sempre a mesma pessoalidade, independentemente da língua que está falando ou na qual está escrevendo. Uma língua dita certo tom, certo jeito que é irredutível em outra língua, de modo que o tradutor que se reescreve em outro idioma (mais do que se traduz para ele) tem outro estilo, outro gosto e até outra concepção do mundo. Quando Nabokov traduziu sua autobiografia, *Conclusive Evidence* (1946-1950), para o russo, o resultado foi uma versão muito diferente. Até o título foi alterado para *Другие берега* (*Drugie Berega,* "Outras Margens", 1953), o qual se referia à posição de Nabokov com respeito à sua pátria, que em 1919 ele havia deixado em um navio. Logo ele se traduziu novamente, quando preparou uma versão inglesa de *Другие берега,* que publicou sob o título de *Speak, Memory* (1966). Cada vez que Nabokov passava de uma língua para outra, ele percebia que, além de trocar a língua, tinha de mudar algo no texto, provavelmente porque sua sensibilidade se alterava segundo o *medium* linguístico que escolhia. Nesse processo de ida e volta por meio da autotradução, percebe--se uma dimensão de perfeccionismo que põe em prática a recomendação de Nicolas Boileau: *vingt fois sur le métier remettez votre ouvrage,* "vinte vezes sobre o tear coloque a sua tela"[4]. Assim, Nabokov reelaborou a autobiografia como o artífice que lapida e relapida a mesma pedra.

Daí que a manipulação inerente à tradução poderia dever-se não só ao fato de o tradutor ser um *Doppelgänger,* o duplo maléfico do autor, mas também ao fato de o auto-tradutor ser uma réplica de si mesmo. Nos dois casos, o

---

4. *L'Art poétique,* livre I. (Trad. bras.: *A Arte Poética,* São Paulo: Pers-pectiva, 1979, p. 20, com outra versão possível, "reponha sua obra vinte vezes sobre a mesa de trabalho".)

fator inquietante é essa duplicidade associada à tradução e ao ato de traduzir, como se o texto-alvo fosse um reflexo deformado do texto-fonte.

O caso extremo de Nabokov pode ser transposto à situação mais habitual de um tradutor trabalhando sobre o texto de outro autor. O fator da variabilidade textual está agravado pela instabilidade inerente ao horizonte de recepção da literatura. A obra traduzida vai se alterando à medida que o tempo passa e segundo os países onde ela se propaga, de modo que a variação que acompanha o destino póstumo de uma obra faz intervir critérios de labilidade que parecem bastante similares ao problema do autor confrontado às metamorfoses do próprio texto em outros horizontes culturais. Essa comunidade de situação entre a obra traduzida e a obra em geral pode explicar por que o conceito de "manipulação textual", que foi elaborado pelos especialistas da recepção literária e pelos profissionais da mercancia do livro, pode ser aplicado com maior pertinência ainda ao campo da tradução literária[5].

Entre o imperativo de fidelidade absoluta que caracteriza as traduções de textos religiosos ou jurídicos e a procura por efeitos retóricos e poéticos, tão frequente nas traduções com fins comerciais ou publicitários, o tradutor oscila na interlíngua que constitui a terra de ninguém entre as duas línguas – ou entre as três, quando se trata de uma tradução de tradução.

Nesse espaço escabroso entre as línguas, o tradutor manipula não só o leitor, mas também o próprio texto. Aí aparece outra acepção do termo "manipulação" além do sentido de "engano". Trata-se do uso dessa palavra num sentido, se não positivo, ao menos não necessariamente negativo, que se encontra, por exemplo, nos termos "farmácia de manipulação" ou, mais próximo das nossas categorias modernas, "manipulação genética".

---

5. Susan Bassnett, Typical Translation Situations, em Harald Kittel et al. (eds.), *Übersetzung/Translation/Traduction: Ein internationales Handbuch zur Übersetzungsforschung*, Berlin/New York: De Gruyter, 2004, p. 49-50.

Na interlíngua, o tradutor está obrigado a dosar as substâncias da língua como o droguista do passado, que misturava os ingredientes das suas drogas, ou como o pesquisador em biogenética, que manipula o código do DNA para constituir-se em imitador de Deus no ato da criação. Como o especialista em biogenética, que não é o demiurgo divino, apenas um aprendiz de feiticeiro, o tradutor interfere no processo da produção do texto, atribuindo-se prerrogativas e responsabilidades que deveriam tocar só ao autor.

Porém, esse laboratório linguístico localizado na terra de ninguém entre a língua-fonte e a língua-alvo não é um lugar onde o público pode penetrar. Um dos objetivos deste pequeno livro é precisamente dissipar a nebulosa de segredo que dissimula a manipulação farmacêutico-linguística ou genético-textual onde o ato da tradução tem lugar. O autor destas linhas passou muito tempo da sua juventude sequestrado nesse lugar escondido entre as duas línguas e os dois textos. Este *A Tradução Como Manipulação* pode ser lido também como uma confissão em nome da corporação dos manipuladores obrigados a inventar subterfúgios para não ficar tempo excessivo naquele lugar subterrâneo onde os dias e as noites não se distinguem bem e onde o cansaço provoca às vezes a confusão entre as línguas.

Outro aspecto da manipulação na tradução é o caso das traduções por procuração, quando um tradutor traduz um texto de segunda mão, ou seja, um texto já traduzido de uma terceira língua. Não se trata apenas de uma impostura com respeito ao leitor, mas também de uma deriva arriscada em que a margem de erro e de aproximação cresce exponencialmente.

Aqueles casos de manipulação por parte do tradutor fazem perceber que a arte da tradução é uma "difícil liberdade", para retomar a fórmula de Emmanuel Lévinas. Difícil, porque é quase impossível respeitar o imperativo de transparência que se espera de um tradutor honesto: as restrições e as limitações que se fazem sentir quando se passa de uma língua para outra são fatores que distorcem o caminho e fazem aparecer a tradução como um discurso ontologicamente oblíquo. Liberdade, porque mesmo quando o tradutor fica no limite imposto pela deontologia, existem tantas opções, tantos caminhos (por tortos que sejam) na trajetória que leva de uma língua a outra que amiúde o problema do tradutor é precisamente a indecisão diante de opções demasiadamente variegadas. Até a tradução mais literal possível deixa uma margem de criatividade ao tradutor e, às vezes, o estimula, como as restrições formais fazem com o poeta que "dança em armadura", segundo a fórmula de Ezra Pound.

Embora a manipulação não seja uma modalidade obrigatória da tradução, ela ajuda a entender o funcionamento do ato de traduzir e constitui um caso fronteiriço ou um obstáculo sempre ameaçador. Talvez o Islã tivesse consciência dos perigos envolvidos na tradução quando proibiu que se traduzisse o *Alcorão* para outra língua, preferindo arabizar os neófitos da nova religião a desarabizar o texto do livro sagrado. Esse caso de interdição da tradução faz perceber *a contrario* que existem poucas traduções honestas – o tradutor está condenado a mentir, como o poeta exilado da cidade ideal de Platão.

A manipulação no ato de tradução não se restringe ao trabalho pontual do tradutor frase a frase, palavra a palavra. Ela também pode incidir sobre o conjunto constituído pela versão final do texto. Na história das traduções, nota-se uma oscilação entre textos traduzidos que se fazem passar por textos originais, textos originais que seus autores disfarçam de textos traduzidos de um original supostamente antigo (para receber mais respeito da parte do público), versões de segunda mão efetuadas de uma terceira língua e vendidas como traduções do texto original e traduções deliberadamente infiéis. Essas manipulações repercutem no estatuto ontológico do texto e lançam dúvida sobre sua autenticidade, sobre a honestidade do tradutor e sobre a legitimidade da tradução em geral.

Parodiando o velho provérbio português *Deus escreve direito por linhas tortas*, que Claudel colocou em epígrafe no *Soulier de satin* (O Sapato de Cetim), poderíamos dizer que "o tradutor traduz direito por linhas tortas". Às vezes, a traição pontual do *traduttori traditori* ou a manipulação ilícita do tradutor-droguista permitem uma melhor apreensão do sentido global da obra, do parágrafo, da frase ou da palavra. A *felix culpa* do tradutor é quase inevitável quando a dimensão pragmática e extralinguística permite que a mensagem seja recebida nas melhores condições possíveis. Quando se trata de promover ou de vender uma obra literária ou um filme, é preciso seduzir o público por meio de bajulação demagógica. Tais considerações de *kolakeia* sofística ditam amiúde uma distorção da formulação original segundo uma estratégia de *marketing*. O fim justifica os meios e, nesse caso, o fim é a tarefa de agradar ao cliente e de estimular sua vontade de comprar.

A dimensão da manipulação no ato de traduzir não se limita à tradução escrita. A interpretação simultânea ou consecutiva envolve também estratagemas e mentiras ditados pela urgência da comunicação e pela necessidade de adaptar-se a uma situação pragmática muito pontual. O intérprete oral que precisa improvisar constantemente está longe dos imperativos do *scripta manent*, embora os processos verbais e as gravações possam imortalizar até a tradução oral. Pressionado pelo imperativo de eficácia imediata, o tradutor oral está quase condenado à traição por distorção do discurso, ou seja, por omissão de palavras que o código cultural dos interlocutores não permite expressar inteiramente, ou por acréscimo de palavras suplementares, quando a mensagem for opaca e exigir uma atividade interpretativa.

Em quatro etapas – a tradução como falsificação voluntária ou involuntária (capítulo 1); a manipulação do estatuto do texto traduzido (capítulo 2); a tradução como bajulação (capítulo 3); a manipulação na interpretação simultânea (capítulo 4) – procuraremos descrever o coeficiente de fraude inerente a toda situação em que alguém domina os outros com o próprio saber, nesse caso o conhecimento da língua. Sabendo as duas línguas postas em contato na situação de tradução, o tradutor tem uma superioridade objetiva sobre o autor do texto-fonte que está transpondo para outra língua e sobre o leitor do texto-alvo. Os abusos de poder consecutivos a essa superioridade intelectual são quase inescapáveis, a não ser que o autor do texto ou do discurso original conheça a língua-alvo ou que os leitores não ignorem a língua-fonte (nesse último caso, a tradução seria quase supérflua). Pretendo cruzar o conceito de fraude com três dos quatro movimentos hermenêuticos descritos por George Steiner para mostrar como o tradutor se arrisca a ser fraudulento no segundo e no terceiro estágios do ato de tradução ("o ataque interpretativo" e "a incorporação da diferença")[6]. Porém, ele é amiúde frustrante em relação ao primeiro estágio, chamado de "confiança". A fraude cometida por falta de respeito diante da especificidade do original e a frustração provocada pela impossibilidade de libertar--se da autoridade do texto-fonte ou do autor constituem o horizonte em que o tradutor tem de manobrar cuidadosa e, às vezes, desonestamente. Não se garante que o quarto estágio de Steiner, o da "compensação" ou da "restituição"[7], possa expiar aquele pecado original da tradução, condenada a ser fraudulenta ou frustrante, o que é quase a mesma coisa do ponto de vista etimológico. Com efeito, o verbo latino *frustrare*, derivado do substantivo *fraus*, "fraude", refere-se ao ato de enganar e não ao sentido psicológico de *frustrar*.

Ainda segundo Steiner, "90% das traduções desde Babel são inadequadas"[8], sendo as inadequações inerentes ao ato de tradução. Restringindo o conceito de intraduzibilidade ao discurso poético, considerado como a manifestação de uma singularidade irredutível, Alain Badiou repetiu o ceticismo diante da arte do tradutor[9]. Aliás, o ceticismo de Steiner e o

---

6. *Depois de Babel: Questões de Linguagem e de Tradução,* trad. Carlos Alberto Faraco, Curitiba: Editora da UFPR, 2006, p. 317-320.

7. Ibidem, p. 321, 414-434.

8. Ibidem, p. 415.

9. *Petit manuel d'inesthétique,* Paris: Seuil, 1998. (Trad. bras.: *Pequeno Manual de Inestética,* São Paulo: Estação Liberdade, 2002.)

de Badiou derivam da mesma fonte. Com efeito, a ideia que está na origem do projeto de escrever *Depois de Babel* é a experiência do autor em publicar uma antologia de poesia traduzida. Talvez a constatação desesperadamente cética de Steiner lhe tenha sido ditada precisamente pela dificuldade de traduzir poesia.

Se os linguistas da década de 1960 e da primeira metade da seguinte acreditavam na possibilidade de traduzir mais ou menos fielmente de uma língua para outra[10], parece que posteriormente a *Depois de Babel* o pós-modernismo renunciou ao ideal de universalidade e transparência que caracterizava o racionalismo – seja o racionalismo iluminista do século XVIII ou o neopositivismo estruturalista. Assim, ele se reconectou com o ceticismo de Joachim Du Bellay, o qual comparou a tradução à transição do vulcão Etna para os frios cumes do Cáucaso[11], e a quem se atribui a primeira ocorrência do jogo de palavras *traduttori traditori*[12].

Concordamos com as constatações pessimistas, mas gostaríamos de focalizar os casos em que a fraqueza constitutiva da arte interpretativa é acompanhada por uma má-fé intencional do tradutor, o qual prefere mascarar ou camuflar as próprias deficiências. Nesse caso, a expressão má-fé deve ser entendida no sentido sartriano de enganar a si mesmo e não só aos outros. Como afirmamos há pouco, o tradutor não é traidor do texto ou do autor, mas da própria vocação, que consiste, idealmente, em fazer passar de maneira transparente um texto de uma língua para outra. Essa má-fé talvez seja a opacidade mais perigosa envolvida no ato da tradução.

---

10. Como Georges Mounin, *Les Problèmes théoriques de la traduction*, Paris: Gallimard, 1963, p. 278. (Trad. bras.: *Os Problemas Teóricos da Tradução*, São Paulo: Cultrix, 1975.)

11. *La Deffence et illustration de la langue françoyse*, I, 5.

12. Ibidem, I, 6. Cf. Gianfranco Folena, "Volgarizzare" e "tradurre": Idea e terminologia della traduzione dal Medio Evo italiano e romanzo all'umanesimo europeo, em Bertil Malmberg (a cura di), *La traduzione*: *Saggi e studi*, Trieste: Lint, 1973, p. 59.

Será que a falta de honestidade do tradutor com respeito aos demais e a si mesmo tem algo de ontológico? Nessa hipótese, a tarefa de manobrar a balsa da tradução entre as margens das duas línguas o exporia a uma duplicidade fundamental pelo fato de conhecer duas línguas e dois códigos. Aliás, talvez seja possível purificar a tradução do seu pecado original se localizarmos os pontos opacos que põem em risco a transparência da mensagem na passagem de uma língua para outra. Denunciar as várias manipulações que caracterizam a tradução talvez seja, portanto, um modo de conjurá-las.

1. FALSIFICAÇÃO VOLUNTÁRIA
OU INVOLUNTÁRIA

Uma das primeiras traduções literárias conhecidas na história é a famosa *Bíblia* dos Setenta, ou Septuaginta, uma versão iniciada no reino de Ptolomeu II Filadelfo (309 a.e.c.-246 a.e.c.), em Alexandria. Sintomaticamente, a primeira fase dessa empresa é quase contemporânea da tradução da *Odisseia* em versos saturninos latinos por Lívio Andrônico (c.280 a.e.c.-200 a.e.c.). Aproximadamente no mesmo período em que os judeus se helenizaram e helenizaram seu texto sagrado, um grego da Magna Grécia tomou a iniciativa de latinizar um texto de referência fundamental na cultura grega antiga.

Além da assimetria fundamental entre as empresas de traduzir um texto bárbaro para o grego e um texto grego para uma língua bárbara[1], as diferenças nas implicações

---

1. Sobre a dimensão bárbara tanto da civilização romana como da judia em uma perspectiva helenística, ver Arnaldo Momigliano, *Alien Wisdoms: The Limits of Hellenization*, Cambridge: Cambridge University ▶

pragmáticas daquelas duas traduções são fundamentais. A tradução da *Odisseia* exigiu um importante investimento estético, mas o conteúdo era de caráter mitológico ou etiológico mais que propriamente religioso ou jurídico. No entanto, a versão dos Setenta não envolvia quase nenhuma dimensão estética, mas era plena de conteúdos religiosos e jurídicos, especialmente o Pentateuco, a primeira parte da *Bíblia* que foi traduzida para o grego. Precisamente por se tratar de um texto jurídico que não era possível traduzir de maneira aproximativa, os tradutores do Pentateuco adotaram uma política de grande fidelidade ao texto original. O próprio termo *Nómoç* (*Nómos*), pelo qual se traduziu a palavra hebraica *tōrāh*, cujo sentido literal é "ensino", reflete a preocupação legalista dos tradutores. Porém, quando a tarefa de tradução voltou-se para os livros proféticos e poéticos da *Bíblia*, a prioridade da literalidade deu lugar a uma maior margem de criatividade, provavelmente porque a letra do texto era menos importante aí que no caso da Lei, e também porque os tradutores estavam sensíveis à dimensão estética do verbo profético.

Assim se pode explicar por que o livro de *Isaías*, traduzido para o grego por volta de 180 a.e.c., reflete uma forte interferência dos tradutores na mensagem do texto original. Isso criou uma discrepância que se acentuou nas traduções ulteriores da *Bíblia* para o grego e nas recensões sucessivas do texto da *Bíblia* dos Setenta. Porém, em outros contextos culturais, o livro de *Isaías* e os livros de outros profetas preocupados com a expectativa messiânica funcionaram como comprovantes da narrativa evangélica. Essa instrumentalização da palavra profética para criar o discurso fundador de uma seita que se tornou nova religião conferiu uma dimensão ontológica mais consistente aos livros proféticos.

No entanto, as décadas ou os séculos durante os quais se efetuou a tradução dos Profetas não se caracterizam por esperanças messiânicas particulares, ao menos não em

▷ Press, 1975, p. 22-49, 74-96. (Trad. bras.: *Os Limites da Helenização*, Rio de Janeiro: Jorge Zahar, 1991.)

Alexandria, motivo pelo qual o verbo profético não parecia pleno de implicações especiais. Isso pode explicar a relativa negligência na transmissão e na tradução dos livros proféticos. Contrariamente ao que aconteceu quando os cristãos fizeram da profecia bíblica a pedra fundamental da narrativa evangélica, os oráculos de Isaías, Jeremias, Ezequiel e dos profetas menores pareciam essencialmente obscuros para os judeus do mundo helenístico. Proferido com uma formulação ambígua, o vaticínio permaneceu ambivalente ao ser traduzido para o grego. Até a escolha do termo προφήτης (*prophétes*, "profeta") para traduzir *nabī* é plena de conotações relacionadas à divinação pagã. É significativo que a Pedra de Roseta, gravada em 196 a.e.c., aproximadamente na época da tradução do livro de *Isaías* para o grego, use o nome προφήτης para referir-se a uma função religiosa do paganismo egípcio percebida no prisma da *interpretatio graeca*[2]. É possível que a ambiguidade fundamental dos oráculos no horizonte cultural grego e a progressiva perda de confiança neles[3] tenham influenciado mesmo vários judeus helenizados que consideraram suas profecias como o equivalente hebraico dos oráculos no mundo pagão. Só na Judeia, onde a rivalidade entre os ptolomeus e os selêucidas desencadeou comoções políticas e culturais na parte menos helenizada do povo judeu, desenvolveram-se crenças apocalípticas que reativaram o messianismo judaico e provocaram uma reavaliação positiva dos textos proféticos. Porém, em Jerusalém, ao contrário do que se passava em Alexandria, o relacionamento com o texto das Escrituras quase não precisava da mediação da tradução grega, pelo menos não até a emergência do cristianismo.

A reinterpretação cristã dos livros proféticos envolvia uma tentativa de fixação do processo de deriva de um texto ambíguo, já muito afastado da formulação original. Além

---

2. Wilhelm Dittenberger, *Orientis graeci inscriptiones selectae: Supplementum sylloges inscriptionum Graecarum*, Leipzig, 1903-1905; reimpressão, Hildesheim: Olms, 1970, I, p. 145, 150.

3. Repercutido por Plutarco em seu tratado *Da Defecção dos Oráculos*, 5, 8, 17.

disso, os primeiros cristãos, ou mais precisamente os redatores dos Evangelhos, manifestaram a vontade de interpretar de modo unívoco a mensagem imprecisa e ambivalente dos oráculos bíblicos. O que era apenas uma formulação poética tornou-se asserção positiva, uma vez que os redatores dos Evangelhos ultrapassaram a fronteira genérica e pragmática que separava o discurso profético orientado para o futuro e a narrativa da vida de Jesus, focalizada sobre um passado recente e considerada como a realização das profecias. No entanto, essa fixação protocristã sobre a formulação dos profetas não pode dissimular o fato de que, do ponto de vista judaico-alexandrino, o texto profético não era objeto de tanto cuidado como o texto legislativo do Pentateuco.

Negligências Benignas
Com Efeito Borboleta

Um bom exemplo de negligência inócua na tradução ou na transmissão do texto de *Isaías* pelos judeus alexandrinos se encontra em 51, 20: no texto massorético e no rolo descoberto em Qumran aparece o microssintagma *kə-tōʾ mikmār*, literalmente "como búfalo de laço". No entanto, na *Bíblia* dos Setenta consta a expressão muito esquisita ὡς σευτλίον ἡμίεφθον (*hos seutlíon hemíephthon*), "como acelga semicozida". Nesse caso, não é possível falar de manipulação porque se trata apenas de uma comparação sem real implicação sobre a mensagem principal do texto, que consiste em descrever a desolação que tomou Jerusalém e seus habitantes. Aqui a distância entre a versão massorética e a dos Setenta confirma que o discurso profético não era tão respeitado quanto o texto da Lei. Em vários casos, a desenvoltura com respeito à letra do texto profético e a deriva que resultou desse descuido tiveram graves repercussões, sobretudo quando a profecia foi reinterpretada quase literalmente pelos fundadores do cristianismo.

Assim, o famoso versículo de *Isaías* 7, 14, em que a palavra *ʿalmāh*, "garota", foi traduzida como παρθένος (*parthénos*, "virgem"), oferece um exemplo significativo da irresponsabilidade do tradutor, que não enxergou ou não quis enxergar a diferença entre as noções de "garota" e de "virgem". Estritamente falando, há virgens que não são garotas e garotas que perderam a virgindade. Daí que a palavra *'almāh* pode ser entendida com o sentido de "menina casadoura". Essa ambiguidade originalmente associada ao termo παρθένος parece refletir a concepção da virgindade segundo a moral grega antiga[4]. Porém, em um contexto judaico, no qual a fronteira entre virgindade e defloração era muito mais clara, a transposição de *'almāh* para "virgem" expõe um exemplo de tradução excessiva, ou seja, um acréscimo desproporcionado do coeficiente semântico da palavra do texto-fonte. Enfim, é importante sublinhar que a escolha de παρθένος para traduzir *'almāh* não pode ser o resultado de uma negligência fortuita, já que em *Jeremias* 31, 4; 13; 21 (na Septuaginta, em 38, 4; 13; 21) παρθένος traduz efetivamente *betūlāh*, o termo próprio para "virgem".

A interpretação da escolha da palavra "virgem" como um acréscimo semântico em relação ao texto original supõe que o conceito de virgindade era considerado algo positivo no horizonte axiomático do judaísmo alexandrino. Na realidade, conhecemos muito mal aquele mundo no período que precede o Filo de Alexandria (c.20 a.e.c.-c.50 e.c.), de modo que é difícil dizer se a virgindade era muito estimada pelos judeus helenizados da diáspora alexandrina. Porém, podemos chegar a uma aproximação do conceito de virgindade no etos judaico alexandrino considerando o que Filo conta das virgens idosas no *De vita contemplativa* (VIII, 68). Parece que a virgindade representava um valor positivo no sistema de valores do filósofo alexandrino, e pode ser que sua opinião fosse representativa das ideias dos outros judeus helenizados da mesma época e da época anterior.

---

4. Giulia Sissa, *Le Corps virginal: La Virginité féminine en Grèce antique*, Paris: Vrin, 1987, p. 97-109.

Seja como for, o lapso negligente ou tendencioso do tradutor alexandrino que verteu *'almāh* por παρθένος teve consequências incalculáveis porque provavelmente levou à cristalização do dogma do nascimento milagroso de Jesus de uma mãe virgem. Inegavelmente, o horizonte cultural helenístico era tão obcecado com o tema do parto virginal que influenciou tanto os tradutores de *Isaías* 7, 14 quanto os inventores da narrativa evangélica.

Outro exemplo do efeito borboleta que pode resultar de uma negligência aparentemente benigna se encontra em *Isaías* 40, 3. Lá a frase *qōl qōre' bā-midbār pannū derek lā-'Adōnāi*, "uma voz exclama: abri no deserto um caminho para o Senhor" (*Bíblia Ave Maria*) foi traduzida como φωνὴ βοῶντος ἐν τῇ ἐρήμῳ· ἑτοιμάσατε τὴν ὁδὸν Κυρίου (*phoné boontos en têi erémoi: hetoimásate tèn hodòn Kyríou*), "voz de quem exclama no deserto: abri o caminho do Senhor", diferente na incidência do complemento de lugar "no deserto". Segundo a cantilação do texto massorético da *Bíblia* que, apesar de ter sido notado em época relativamente recente (século VII d.C.), reflete uma tradição muito antiga, parece que o deserto é o lugar onde caminhos têm que se abrir e não o espaço onde se ouve uma voz. Porém, na tradução dos Setenta, aparentemente efetuada de um texto carente dos sinais de cantilação, os quais permitiriam estabelecer os limites entre os microssintagmas da frase, o deserto é o lugar onde o grito ressoa. Qualquer pessoa que tenha uma experiência no deserto, lugar de solidão e de desolação, sabe que gritar na sua imensidade despopulada é uma ação totalmente absurda. No entanto, construir um caminho no deserto pode ser difícil, mas não é totalmente impossível, sobretudo quando se trata de chegar a Jerusalém, cidade cercada pelo deserto em seu lado oriental.

Henri Meschonnic, que assinalou várias vezes essa defasagem[5], acusa o "Ocidente cultural" de ser insensível ao critério do ritmo em nome de uma abordagem "teológico-política".

5. Op. cit., p. 44-45.

Porém, a causalidade pode ser revertida. A ignorância do ritmo ou a indiferença em relação a ele não é nem cristã nem ocidental; começou dois séculos antes da aparição do cristianismo. Foi a negligência na tradução (em relação ao ritmo ou à semântica do texto) a responsável pela cristalização de vários mitos cristãos, como a virgindade de Maria ou a pregação de João Batista no deserto[6], e não o cristianismo que foi responsável pela manipulação do texto de *Isaías*. A representação de João Batista clamando no deserto pode dever-se também a um raciocínio tipológico que consiste em reconhecer na figura do Batista uma reencarnação do profeta Elias (*Mateus* 11, 14; 17, 10-12; *Marcos* 9, 11-13). O próprio evangelho faz eco dessa opinião fundada na crença de que Elias nunca morreu, mas foi elevado ao céu em um carro de fogo (*II Reis* 2, 11). Além disso, essa figura profética se refugiou no deserto quando foi perseguida por Jezabel (*I Reis* 19, 4). Assim, a combinação de uma leitura tipológica do livro dos Reis com uma falsa interpretação do que consta em *Isaías* 40, 3 deu lugar à cristalização do mito de João Batista pregando no deserto.

A Autocensura Como Fator
de Deriva Interpretativa

A manipulação pode resultar de um escrúpulo exagerado em relação aos antropomorfismos presentes no texto da *Bíblia* ou, mais amplamente, em relação a todo o substrato politeísta da *Bíblia*.

A tradução da *Bíblia* pode ser cúmplice de um consenso que consiste em apresentar o texto sob uma luz mais racional, livrando-o das reminiscências comprometedoras dos velhos mitos cosmogônicos dos paganismos do Oriente antigo. Assim, a expressão *ḥošek ʿal pənei təhōm* (*Gênesis* 1, 2), literalmente "Treva sobre a face de Abismo" foi traduzida pelos

---

6. Os quatro evangelistas citam *Isaías* 40, 3 e extrapolam, a partir da citação lida segundo a tradução dos Setenta, o tema de João Batista pregando no deserto. Ver *Mateus* 3, 1-3; *Marcos* 1, 3-4; *Lucas* 3, 2-4; *João* 1, 22.

Setenta como σκότος ἐπάνω τῆς ἀβύσσου (*skótos epáno tês abýssou*), "treva por cima do abismo", com o uso intempestivo do artigo que transforma o abismo em um nome comum. A mesma tendência se encontra em outra tradução antiga da *Bíblia*, o Targum de Onkelos (século II E.C.), em que a palavra "abismo" é também determinada pelo artigo posposto –*ā* do aramaico: *ḥoškā ʿal ʾapei təhōmā*, "a treva por cima do abismo". Porém, o original hebraico do versículo não usa o artigo, provavelmente porque a palavra *təhōm* não é um verdadeiro nome comum, mas o equivalente hebraico do teônimo Tiyāmat, dragão-fêmea das águas salgadas e das trevas, precisamente. Os rabinos do *Midrasch* eram muito sensíveis à questão da presença ou ausência do artigo na narrativa da criação, como se vê no comentário *Bereschit Rabá* 1, 14, em que se atribui a Rabi Akiva (século II E.C.) uma reflexão sobre o risco associado ao uso das palavras *céus* e *terra* sem a marca gramatical do acusativo determinado ʾ*et* na frase *baraʾ ʾElohīm et ha-šāmayim wə-ʾet hā-ʾāreṣ*, "No princípio, criou Deus os céus e a terra". Para esse rabino, segundo o qual "não há uma letra supérflua na *Torá*", a ausência do artigo poderia significar que as palavras "céus" e "terra" são nomes próprios que se referem a divindades. O mesmo raciocínio podia funcionar também em relação ao versículo *ḥošek ʿal pənei təhōm*, "treva por cima de abismo", mas curiosamente isso não atrapalhou os exegetas que estavam acostumados a especulações intermináveis sobre os mais ínfimos detalhes da letra do texto comentado.

Quanto aos antropomorfismos embaraçosos, pode-se mencionar o atributo ʾ*īš milḥāmāh*, "homem de guerra" (*Êxodo* 15, 3), que foi traduzido como συντρίβων πολέμους (*syntríbon polémous*), "esmagante guerra". O medo de cair no pecado da idolatria antropomórfica constrangeu os tradutores a manipularem o texto da língua-alvo. Essa escolha de tradução caracterizava a atmosfera particular na qual se encontrava o judaísmo alexandrino. Os tradutores acharam essa metáfora antropomórfica perigosamente ambígua. Quando a versão dos Setenta foi adotada como referência para as traduções secundárias efetuadas para o latim (a Vetus latina), o copta, o armênio, o geʿez, o siríaco (a Siro--Hexápla) e o eslavo eclesiástico, manifestou-se o mesmo escrúpulo, embora o contexto já não fosse marcado pela associação automática entre antropomorfismo e idolatria.

Nem são Jerônimo, que traduziu novamente a *Bíblia* segundo a *Hebraica veritas*, temeu traduzir a expressão *ʾîš milḥ āmāh* por *vir pugnator*, "homem batalhador". Porém, consciente da blasfêmia implicitamente contida nessa expressão, o orago dos tradutores adicionou a conjunção *quasi*, que expressa uma distância com respeito ao que se está dizendo: *Dominus quasi vir pugnator*, "O Senhor como homem batalhador".

Uma manipulação menos inocente na tradução dos Setenta ocorre na escolha dos nomes Θεός (*Theós*) e Κύριος (*Kýrios*) como os equivalentes de *ʾElohīm* e do Tetragrama, respectivamente. Se Θεός é incontestavelmente um teônimo, Κύριος é, mais do que tudo, um título honorífico aplicado aos homens e só em um período tardio a vários deuses (sobretudo no Oriente Próximo helenizado). Várias vezes durante a história das traduções da *Bíblia* se ouviram queixas sobre esse uso de uma terminologia pagã e antropomórfica para expressar em grego os nomes do Deus de Israel. Áquila de Sinope, que traduziu a *Bíblia* segundo a abordagem ultra-literalista preconizada por seu mestre, o já mencionado Rabi Akiva, decidiu não traduzir o Tetragrama e deixou-o em letras hebraicas (paleo-hebraicas) no texto grego, segundo uma tradição que se manifesta também no original hebraico dos fragmentos escriturais (canônicos ou não) descobertos em Qumran. André Chouraqui, que traduziu o Antigo e o Novo Testamentos e o *Alcorão* segundo um método não menos ultraliteralista, também reclamou do que considerava como uma falsificação dos teônimos bíblicos. Na sua versão da *Bíblia*, o nome *ʾElohīm* está transcrito *Elohîms* (com a marca –*s* do plural francês para enfatizar que se trata de um plural morfológico), ao passo que o Tetragrama foi vertido por uma combinação de *Adonaï*, substituto do Tetragrama, e ɪʜᴠʜ, sua transliteração. A mesma convenção foi preservada na adaptação da tradução de Chouraqui para o público lusófono[7].

Essa escolha de Chouraqui que continua a tradição do Áquila provém do medo de assimilar os nomes do Deus de Israel com teônimos contaminados pelo seu uso em um contexto politeísta. Nesse caso, foi precisamente o medo de manipular o texto que paralisou os tradutores e os fez preferir a opção zero, ou seja, a escolha de não traduzir.

Recentemente (em 2009), uma situação inversa aconteceu na Malásia, quando as autoridades do país reclamaram de uma tradução da *Bíblia* para o malaio em que a palavra *Allāh* foi utilizada para os nomes bíblicos de Deus. Nesse caso, não é o uso de um teônimo idólatra para designar o verdadeiro Deus que foi percebido como problemático, mas, ao contrário, o uso de um teônimo respeitado para referir-se a uma concepção supostamente errada da divindade. A intransigência das autoridades malaias nesse assunto da utilização do teônimo árabe-muçulmano *Allāh* em lugar da palavra malaia *Tuhan* teve por consequência a retenção de um lote de 35 mil exemplares da *Bíblia* em um porto do país.

A desonestidade do tradutor-censor se manifesta também quando o texto original comporta uma dimensão sexual. Assim, em *Levítico* 18, 7-19, a palavra ʿerwāh, "sexo", foi vertida por ἀσχημοσύνη (*askhemosýne*), "desgraça, feiura", na tradução dos Setenta. Até são Jerônimo, que procurou retornar o texto para a letra hebraica da *Bíblia*, acentuou mais ainda a dimensão abusivamente eufemística da tradução daquele termo quando transpôs sistematicamente a palavra ʿerwāh por *turpitudo*, "vergonha". Em *Levítico* 18, 19, onde ʿerwāh aparece no contexto da menstruação, a palavra latina correspondente é *foeditas*, "feiura". No entanto, o sentido literal de ʿerwāh não justifica esse tipo de deriva semântica, já que a palavra significa apenas "nudez". Na realidade, não se trata aqui de um furto de palavra, mas de uma distorção tendenciosa do campo semântico de um termo-tabu em duas traduções fundadoras da civilização ocidental.

7. *A Bíblia*, Rio de Janeiro: Imago, 1996-1997, 10 v.

Manipulações Ditadas
Por Considerações Políticas

Uma tradução deliberadamente errada pode funcionar como instrumento poderoso para deslegitimar um grupo, uma nação ou uma religião. No contexto da guerra multissecular que opôs os bizantinos aos árabes, o imperador Constantino VII Porfirogênito (905-959) traduziu tendenciosamente a fórmula árabe *'Allāhu 'akbar*, "Deus é o maior", depois de tê-la analisado como Ἀλλὰ οὐὰ Κουβάρ, "Deus é Kubar", Kubar (literalmente "grande") sendo considerado como o nome do planeta Vênus (o verdadeiro nome desse astro em árabe é *Zahrah*, "a brilhante")[8]. Assim, o tradutor grego consegue expressar duas calúnias com respeito aos árabes, acusando-os de idolatria e de luxúria, já que o suposto par de Alá é identificado com Afrodite. Não é verossímil que essa manipulação do significante árabe se deva à ignorância do imperador. É mais provavelmente uma reapropriação da língua do Outro. Movido pelos seus sentimentos hostis, Constantino VII Porfirogênito pretendeu restituir uma forma original da frase *'Allāhu 'akbar*.

Os cruzados também manipularam o significante árabe, especialmente quando se apoderaram da Síria e da Palestina. Sua reinterpretação dos topônimos árabes parece refletir uma vontade de zombar da civilização árabe-muçulmana. Assim, o lugar dito *Mazār*, na periferia de Acre, cujo significado é "túmulo de um santo muçulmano", foi reinterpretado desrespeitosamente como *Mont Musard*, "monte do andarilho"[9].

É provável que os cruzados estabelecidos na região tenham buscado deslegitimar a concepção da santidade segundo o Islã, chamando o santo muçulmano de andarilho, mudança facilitada pela paronomásia entre a palavra árabe *mazār*, "lugar de peregrinação", e *musard*, "andarilho".

8. Constantino VII Porfirogênito, *De administrando imperio*, 14.
9. Cyril Aslanov, *Le français au Levant, jadis et naguère: À La recherche d'une langue perdue*, Paris: Honoré Champion, 2006, p. 83.

Em um sentido favorável ao Islã, o já mencionado Chouraqui, que vituperava contra as falsificações e as manipulações sofridas pelo texto da *Bíblia* em consequência da mediação das traduções gregas e latinas, permitiu-se manipular o texto-fonte na sua tradução do *Alcorão*. Enganado pela ilusão segundo a qual o árabe da época de Maomé teria sido mais próximo do protossemítico e, em consequência, mais consonante com o hebraico do que hoje em dia, ele reinterpretou um versículo do *Alcorão* (17.4), *La-tufsidūnna fi-l-ʾarḍi marratayni wa-lataʾlūnna ʾuluwwan kabīran*, que significa literalmente "em verdade, semeareis a corrupção na terra por duas vezes, e, em verdade, sublimar-vos-eis em grande arrogância"[10], traduzindo-o como *Vous serez détruits deux fois sur terre, puis vous vous éléverez en grande élévation*, "Sereis destruídos duas vezes na terra e elevar-vos-eis em grande elevação". Parece que Chouraqui entendeu o verbo *ʾafsada*, "corromper", segundo o sentido do seu correspondente etimológico hebraico *hifsīd*, verbo atestado apenas a partir do hebraico da *Mischná* (século II E.C.) com o sentido passivo de "ser destruído" (bem diferente do sentido de "perder", que esse verbo tem hoje em hebraico moderno). Mediante essa reinterpretação do árabe segundo o padrão do hebraico, os responsáveis pela corrupção se transformam em vítimas de destruição, uma vez que destruição e corrupção são dois conceitos muito próximos. Porém, Chouraqui acentuou a diferença entre eles quando substituiu o sentido ativo de "corromper" pelo sentido passivo de "ser destruído".

Além da ilusão romântica de uma maior proximidade entre o árabe da época de Maomé e o hebraico, Chouraqui teve provavelmente uma intenção política quando reverteu o sentido ativo de *ʾafsada* para seu contrário. Ele quis ensinar ao público muçulmano francófono que o livro sagrado do Islã, em geral, e a Sura 17 sobre os "filhos de Israel" (*Banū Yisraʾīl*), em particular, eram menos antijudaicos do que se acha usualmente. Chouraqui procurava, assim, quebrar o muro de incompreensão que se havia erigido por várias

---

10. Tradução de Helmi Nasr, Medina: Complexo Rei Fahd, 2006, p. 442.

décadas entre os judeus e os muçulmanos. Manipular o significado do *Alcorão* sob o pretexto de entender o árabe melhor que os próprios árabes é um modo de pretender controlar o texto no lugar de seus depositários naturais. Ironicamente, essa suspeita de Chouraqui em relação à letra do *Alcorão* e seu desejo de restituir um palimpsesto autêntico retoma a atitude dos próprios muçulmanos com respeito aos livros sagrados judaicos e cristãos, dirigindo-a contra o texto sagrado do Islã. No espírito de Chouraqui, a manipulação gramatical que consiste em analisar o verbo ativo *'afsada* como se fosse um passivo pretende desfazer uma perda do texto. Trata-se de um contrabando textual com o intuito de corrigir uma injustiça da qual o texto supostamente teria sido vítima. Em outras palavras, é a aplicação do princípio judaico segundo o qual o roubo de quem roubou um ladrão é menos penalizado que o roubo em geral (*Mischná,* tratado Baba Qama 1,7). Se os redatores e transmissores do *Alcorão* manipularam o texto, transformando o conceito de destruição assumida passivamente no de corrupção semeada de propósito, Chouraqui pensou: por que não seria lícito alterar a tradução do texto, resgatando o que as redações sucessivas tinham deformado ou escondido?

A Tradução Vítima de Boicote

Em vários contextos culturais, o ódio pode levar ao boicote de todas as referências a uma entidade execrada. Assim, na tradução árabe de *A Queda*, de Albert Camus[11], todas as alusões aos judeus da *Bíblia* ou à história judaica recente são sistematicamente ocultadas pelo tradutor libanês Anis Z. Hasan. No início do romance, Jean-Baptiste Clamence chama seu interlocutor de saduceu[12], referindo-se ao materialismo dos membros da seita saduceia no tempo de Jesus. Para evitar

11. *Al-Saqtah,* tradução de Anis Z. Hasan, Beirute: [S.n.], 1964.
12. *La Chute*, Paris: NRF, 1956, p. 14-15; *Al-Saqtah*, p. 12.

um termo que faz pensar no judaísmo e na história judia, o tradutor resolveu parafrasear o termo "saduceu" por uma definição que se concentra na recusa dos saduceus em acreditar na vida futura sem mencioná-los como tais: *kāfir bi-l-qiyāmah*, "contestador da ressurreição". Porém, na realidade, a menção aos saduceus por Clamence/Camus não se deve a uma preocupação metafísica. Na perspectiva do texto de *A Queda*, o saduceu é apenas um protótipo antigo do burguês moderno, de modo que o desvio eufemístico do tradutor árabe constitui uma distorção da intenção original de Albert Camus.

Na página seguinte, Clamence menciona os 75 mil judeus de Amsterdã assassinados pelos nazistas[13]. Animado pela mesma lógica de boicote, o tradutor simplesmente omite essa frase. Quando Camus parafraseia o versículo de *Jeremias* 31, 14, que reaparece em *Mateus* 2, 38 e se refere a Raquel lamentando a morte dos filhos, o mesmo Anis Z. Hasan oculta esse nome, demasiadamente judaico, substituindo-o pelo nome comum *mar'āh*, "mulher"[14]. Quando, no mesmo contexto, Clamence/Camus fala dos *enfants de Judée*, "as crianças da Judeia" (referindo-se aos santos inocentes), o tradutor tendencioso escamoteia a menção à Judeia e se contenta com a palavra *'aṭfāl*, "crianças"[15].

A possibilidade de o tradutor escamotear ou censurar palavras inteiras revela outra de suas funções. Em certos casos, ele pode parecer um funcionário de alfândega abusivo, que confisca mercadorias de modo arbitrário. Aqui, o boicote do tradutor Anis Z. Hasan aconteceu no momento de maior beligerância entre Israel e os países árabes, quando muitos árabes estavam incluindo os judeus do presente e do passado na sua rejeição ao Estado de Israel. Essa opção ideológica extrema feriu a integridade do texto de *A Queda*. Para

---

13. *La Chute*, p. 16.

14. Ibidem, p. 130; *Al-Saqṭah*, p. 93.

15. Sobre esses e outros exemplos do mesmo tipo na tradução de Anis Zaki Hasan, ver meu artigo "Les Voix plurielles de la traduction de Camus en hébreu", *Meta: Translators' Journal*, v. 44, n. 3, p. 461-462, 1999.

tornar a obra aceitável aos leitores árabes, o tradutor não teve escrúpulo em expurgar do texto os seus ecos bíblicos.

A Tradução Niveladora

A tradução ou a não tradução dos termos de uma cultura estrangeira pode refletir uma diferença fundamental na atitude com respeito ao Outro. Assim, o etnocentrismo grego foi responsável por um nivelamento das especificidades dos povos vizinhos segundo o prisma de percepção da língua e da cultura helênicas.

A desproporção entre a interpretação grega da cultura romana arcaica e a interpretação romana da cultura grega se nota pelo fato de os autores latinos terem preservado categorias gregas para referir-se ao helenismo, ao passo que os autores gregos que se dignaram de se interessar pela cultura romana traduziram sistematicamente os termos latinos para o grego. O processo de interpretação etnocentrista da cultura romana é visto particularmente nas obras de Políbio e de Plutarco, em que todas as instituições romanas estão designadas com termos gregos. Assim, os termos irredutivelmente romanos *senatus, consul, tribunus plebis, imperator* e *pontifex maximus* foram transpostos como σύγκλητος (*sínkletos*), ὕπατος (*hýpatos*), δήμαρχος (*démarkhos*), αὐτοκράτωρ (*autokrátor*), ἀρχιερεύς (*arkhiereús*), respectivamente. Uma das únicas exceções a essa tradução mecânica dos termos políticos romanos para o grego é o uso do termo δικτάτωρ, adaptação minimalista de *dictator* (δικτάτωρ, *diktátor*).

Nota-se um nítido contraste entre a abstenção dos romanos em traduzir os termos específicos das culturas com as quais tiveram contato e a tradução niveladora dos gregos segundo o processo da *interpretatio graeca*, a interpretação das civilizações não gregas segundo os padrões do helenismo. Isso se verifica na percepção que as civilizações grega e romana tiveram uma da outra. Mas a defasagem também se manifesta com respeito a uma terceira civilização, com a qual tanto os romanos quanto os gregos tiveram relações. Assim aconteceu com o mundo cartaginense: enquanto os romanos assimilaram ao seu léxico a palavra púnica *sufes*, "sufete; sumo magistrado", os gregos usaram o termo βασιλεύς (*basileús*), "rei".

Ao contrário, a não tradução pode às vezes expressar um distanciamento intencional com respeito à realidade designada pelo termo estrangeiro. Assim, quando os bizantinos se referiam aos reis ocidentais, não os chamavam pelo termo βασιλεύς aqui mencionado, mas usavam adaptações do latim *rex* (ῥῆγας, *rhêgas*, derivada de ῥήξ, *rhéx*). Desse modo, os autores bizantinos (em particular, Ana Comnena, filha do imperador Aleixo I Comneno) quiseram marcar a diferença de dignidade entre o imperador romano (os bizantinos se consideravam os verdadeiros herdeiros do Império Romano) e os reis dos países da Europa ocidental, considerados usurpadores bárbaros[16].

Recusar a tradução é um modo de manter o povo estrangeiro no seu estado de barbárie inassimilável ou, de modo mais amplo, de preservar-se de um perigo, mantendo-o à distância. Manter o termo estrangeiro fora da língua é uma atitude que se manifesta também na tradução do nome da maior pandemia do fim do século XX e do início do atual. É revelador que em muitas línguas a abreviação AIDS (*acquired immunodeficiency syndrome*) seja mantida assim, como se a tradução fosse um modo de integrar não só a palavra como também a realidade que ela designa. Essa diferença de atitude cruza o mundo lusófono: em Portugal, a doença é nomeada com uma abreviação mais conforme ao espírito das línguas românicas (SIDA = síndrome da imunodeficiência adquirida), ao passo que a preferência brasileira pelo termo inglês talvez denote uma vontade de distanciar-se de uma doença que se considere trazida pelo estrangeiro ameaçador.

16. Ana Comnena, *A Alexíada*, X, 7, 1.

Traduções Automáticas:
A Armadilha do Google Tradutor

Hoje em dia os meios tecnológicos curto-circuitam a tarefa do tradutor, já que uma simples manipulação informática permite traduzir não só palavras ou idiomatismos, mas às vezes textos inteiros. O Facebook e a Wikipédia proporcionam exemplos da velocidade impressionante com a qual se pode passar de uma língua para outra. No entanto, a tradução automática revela a imperfeição fundamental de todo tipo de tradução e a necessidade de manobrar cuidadosamente entre os obstáculos que tornam a interlíngua um lugar tão perigoso. Só que, diferentemente do tradutor manipulador e intuitivo, a máquina e aqueles que a programam são absolutamente incapazes de manifestar o espírito de fineza do qual falava Blaise Pascal, opondo-o ao espírito geométrico[17].

A diferença irredutível entre as estruturas sintáticas ou semânticas das línguas postas em contato pelo ato de tradução automática gera amiúde formulações absurdas. Encontrei certa vez na Alemanha um bom exemplo desse tipo de gafe num cartaz que traduzia do alemão para o inglês a delimitação temporal *von 22 bis 6*, "de 22 a 6". Como em alemão a proposição *von* pode equivaler tanto a *of* quanto a *from*, a tradução automática do cartaz deu este resultado: *of 22 to 6*.

Além de ser totalmente mecânica, essa tradução revela que mesmo o computador mais aperfeiçoado nunca poderia chegar ao sentido da língua, especialmente no que se refere às relações sintáticas e à falta de correspondência entre os campos semânticos. Esse sentido da língua, que os alemães chamam de *Sprachgefühl*, é uma dimensão meramente empírica que não se deixa quantificar como uma regra gramatical ou uma lista de palavras. E é duplamente empírica:

---

17. *Pensées* 1 (na edição de Léon Brunschvicg, Paris: Hachette, 1904); 512 (na edição de Louis Lafuma, Paris: Seuil, 1962).

primeiro, porque resulta de um contato vivo e não apenas livresco com a língua; segundo, porque só a percepção do contexto e da situação pragmática pode revelar que nem todos os empregos da preposição alemã *von* podem ser traduzidos pela preposição inglesa *of.*

O modo demasiadamente mecânico pelo qual o Google Tradutor traduz os idiomatismos de uma língua para outra relembra os alunos ruins que transpõem literalmente o texto a ser traduzido. Ou seja, em outro contexto, faz pensar no modo de falar dos serviços de propaganda ou de espionagem em tempo de guerra, quando o conhecimento teórico da língua do inimigo não é suficiente porque lhe falta a pátina da experiência viva da língua. Conta-se que quando a Rádio Cairo difundia emissões em hebraico para desmoralizar o exército israelense durante a Guerra de Atrito (1969-1970), os jornalistas egípcios que pensavam conhecer o hebraico cometeram gafes memoráveis. Referindo-se ao *Lago dos Cisnes*, que a rádio escolheu para servir de *intermezzo* musical, o locutor usou a expressão *brekhat ha-barvazim* (literalmente, "piscina dos patos"), em vez do título canônico *agam ha-barburim*. Nesse caso, o efeito produzido foi diametralmente oposto à exaltação que acompanha a escolha de títulos mais eloquentes que o original para as obras literárias ou cinematográficas (como veremos adiante no capítulo 3).

2. A MANIPULAÇÃO DO ESTATUTO DO TEXTO TRADUZIDO

A manipulação inerente ao ato da tradução pode ultrapassar o nível microcontextual e alcançar o estatuto ontológico de um texto inteiro. Às vezes uma criação original é apresentada como uma tradução e, ao contrário, um texto traduzido pretende ser um texto original. O primeiro caso corresponde às manipulações pseudoepigráficas cujas motivações podem variar desde o medo de ser reconhecido como o verdadeiro autor até a vontade de conferir ao texto uma aura de antiguidade ou de sacralidade. O segundo caso consiste em apropriar-se de modo fraudulento do mérito da composição original do texto, ocultando a paternidade literária do verdadeiro autor. Em ambos os casos, o manipulador esconde algo: ou o fato de ter escrito o texto da pretendida tradução, ou o fato de ter traduzido um texto alheio. O ato de traduzir aparece então carregado com um forte coeficiente de culpa, sendo alternativamente uma ação pretendida ou negada.

Esse blefe se assemelha ao dos jogadores de pôquer capazes de fingir a realidade de um fato inexistente ou de negar a existência de algo real. Ou, para usar outra metáfora, o estatuto da tradução que busca passar por texto original é comparável à falsificação de relógios ou bolsas de marcas renomadas. O caso inverso de camuflagem pseudoepigráfica é muito semelhante à fraude que consiste em usar um "laranja" para efetuar uma transação financeira duvidosa. Vamos passar em revista vários exemplos de manipulações, famosas ou não, do estatuto do texto traduzido para demonstrar como a passagem de uma língua para outra se assemelha, com frequência, a um contrabando[1].

Textos Originais Apresentados Como Traduções

Usualmente, o subterfúgio que consiste em apresentar como tradução um texto original reflete a vontade de camuflar sua verdadeira origem. Essa estratégia foi usada, por exemplo, pelo autor russo de língua francesa Andreï Makine, quando ainda não passava de um obscuro exilado soviético que buscava sobreviver na França. Para publicar seu primeiro romance, *La Fille d'un héros de l'Union soviétique* (A Filha de um Herói da União Soviética), ele fez passar o livro que havia escrito em francês por uma tradução do russo. Assim, ele se comportou como Rica, o persa das *Cartas Persas* de Montesquieu, que, na Carta 30, conta que parou de provocar a curiosidade e de chamar a atenção do público parisiense quando decidiu vestir-se como um francês. Só a roupa exótica era capaz de atrair o interesse dos franceses para os visitantes chegados da Pérsia. Da mesma maneira, apresentar o texto como originalmente francês condenava-o a ser jogado na cesta de lixo da editora.

---

1. A metáfora do tradutor como contrabandista já foi usada em Sergio Waisman, Between Reading and Writing, em Carol Maier; Françoise Massardier-Kenney (eds.), *Literature in Translation: Teaching Issues and Reading Practices*, Kent: The Kent State University Press, 2010, p. 73.

Às vezes, a camuflagem que consiste em fazer passar o texto original por uma tradução responde a preocupações mais profundas que o desejo de conseguir um editor. Esse subterfúgio pode expressar a vontade de conferir uma dimensão de objetividade e de realismo a uma ficção totalmente fantástica. Assim, no capítulo IX da primeira parte do *Dom Quixote*, o narrador faz traduzir, ou talvez transcrever, a história do fidalgo errante de um manuscrito árabe ou aljamiado. Mediante essa invenção, Cervantes sugere que sua criação profundamente original é apenas a tradução de um texto preexistente, o que confere à obra mais autoridade e mais peso ontológico. Talvez essa tentativa de conferir autenticidade a uma fabulação tão óbvia faça parte da paródia contínua que se manifesta ao longo de todo o livro[2].

As pseudotraduções também podem dever-se ao medo da censura. No contexto da monarquia absolutista francesa, dois autores fizeram passar as próprias obras por traduções. O primeiro foi Montesquieu com suas *Cartas Persas*, já mencionadas. Como sua obra era subversiva, o autor não a assinou e a apresentou como tradução de uma correspondência verdadeira entre viajantes persas. Talvez essa mentira tenha sido motivada também por um desejo de travestir o livro com uma roupagem exótica, segundo o processo apresentado de modo emblemático na Carta 30, comentada acima. Assim como Rica parou de interessar ao se vestir de francês, também Montesquieu pensou que iria chamar mais atenção se trocasse a postura de autor original pela função subalterna e apagada de tradutor anônimo.

Voltaire também fingiu ter traduzido seu conto filosófico *Candide* do alemão, de um manuscrito encontrado no bolso do doutor Ralph, morto na batalha de Minden, em 1759, o mesmo ano da primeira edição pseudoepigráfica da obra em Genebra, Paris, Amsterdã e outros lugares,

---

2. Cf. Cyril Aslanov, Les Enjeux de la référence aux religions dans le "Don Quichotte", *Compar(a)ison*, v.2, 1997, p. 67-92, 1997.

simultaneamente[3]. Nesse caso, a manipulação do estatuto da obra e a pretensão de fazê-la passar por uma tradução se justificam pela censura exercida pelo reino da França contra um autor demasiadamente desrespeitoso diante das instituições e dos dogmas. É notável que Voltaire tenha assumido a paternidade da obra só em 1768, quando ela já era um *bestseller* traduzido para várias línguas, inclusive o alemão.

Porém, a manipulação pseudoepigráfica do *Candide* teve também outra finalidade. Todo esse romance filosófico é uma paródia contínua da Alemanha, país que Voltaire conhecia muito bem em consequência de sua estada em Berlim entre 1750 e 1753 e das suas peregrinações pelos pequenos principados alemães, após sua fuga do déspota esclarecido Frederico II, em 1753. Para conferir mais peso à sua crítica acerba ao espírito alemão, Voltaire quis apresentá-la como uma autocrítica feita por um alemão contra os próprios compatriotas. Assim, ele camuflou a ironia alheia em humorismo pretensamente autorreflexivo.

No contexto mais liberal da Inglaterra, não foi a censura que motivou a camuflagem de obras originais como traduções, mas uma preocupação mercadológica. Um exemplo muito famoso de pseudotradução é a falsificação de James Macpherson (1736-1796), que compôs em várias etapas de sua carreira textos inspirados no folclore céltico escocês. Porém, há uma diferença essencial entre a inspiração livre e a tradução verdadeira. A primeira tentativa literária do poeta, os versos de juventude intitulados *The Highlander*, escritos em 1758, foi um fracasso. Dois anos depois, o poeta falido se refugiou sob a máscara de um folclorista para publicar os *Fragments of Ancient Poetry Collected in the Highlands of Scotland*, que ele atribuiu ao poeta Ossian (Oisín). Essa figura lendária aparece no papel de narrador na antiga epopeia irlandesa *Fiannaidheacht* (*Ciclo Feniano*). A isotopia

---

3. Sobre as circunstâncias da publicação do livro, ver Pierre Lepape, *Voltaire le conquérant: Naissance des intellectuels au siècle des Lumières*, Paris: Seuil, 1994, p. 278-280; Pierre Milza, *Voltaire*, Paris: Perrin, 2007, p. 553-555.

entre o topônimo *highlands* e o título da obra *The Highlander* expressa claramente a vontade de renunciar à subjetividade do eu lírico (o eu do "Highlander") para adotar a objetividade da consciência coletiva da nação que vive na região chamada "Highlands". Só o desvio, em parte imaginário, por um *Volksgeist* reinventado foi capaz de redimir o poeta da própria mediocridade. Na realidade, o primeiro núcleo dos *Fragments* resulta provavelmente da adaptação livre e da ampliação de trechos de autênticos poemas orais dos quais Macpherson se fizera depositário. Animado pelo sucesso de sua semimentira, Macpherson se comprometeu com uma mentira mais atrevida ainda quando, um ano após a publicação dos *Fragments*, lançou sua epopeia *Fingal*.

É interessante que em ambos os casos – os *Fragments* e *Fingal* – a pretensão de ter traduzido o texto de um original gaélico imaginário livrou o poeta da restrição formal do verso. As duas obras e, em geral, todos os escritos de Macpherson foram apresentados como traduzidos livremente em "prosa musical metrificada". A camuflagem da pseudotradução transformou um poeta medíocre em brilhante prosador cuja legitimidade era garantida pela sua suposta função de mediador entre um folclore bruto, produto do espírito da nação, e o público culto, já sensibilizado com a beleza da prosa poética pelo sucesso extraordinário de Samuel Richardson, um dos pais do romance moderno e precursor do romantismo. Seja como for, uma mistificação brilhante baseada em mentira no que se refere ao estatuto do texto original apresentado como uma tradução conseguiu criar quase *ex nihilo* uma moda poderosa no horizonte cultural europeu. Até Goethe menciona Ossian como se fosse um autor verdadeiro nos *Sofrimentos do Jovem Werther*, quando o herói afirma que o bardo céltico tomou o lugar de Homero em seu coração (carta de 12 de outubro). A mentira de Macpherson repercutiu até sobre a toponímia. Em 1772, o naturalista inglês Joseph Banks descobriu uma gruta marinha na ilha de Staffa, nas Hébridas Interiores, e muito naturalmente deu o nome de Gruta de Fingal a essa maravilha da natureza.

Além disso, o debate sobre a autenticidade dos poemas ossiânicos animou os espíritos europeus e provavelmente influenciou a questão homérica que August Wolf relançou em 1795 quando debateu a relação entre literatura e oralidade no parágrafo 22 dos seus *Prolegomena ad Homerum*.

Seguindo o precedente de Macpherson, o francês de origem languedociana Fabre d'Olivet apresentou dois textos pseudoepigráficos que fingiu ter traduzido do provençal: *Azalaïs et le gentil Aimar* (1798) e *Troubadour, poésies occitaniques* (1803). Esse ossianismo occitano teve impacto fundamental sobre a renovação do interesse pela autêntica poesia medieval occitana. Esta se tornou disciplina acadêmica graças à atividade de um contemporâneo de Fabre, François-Juste-Marie Raynouard, autor de numerosas pesquisas sobre a língua e a poesia dos trovadores.

Por razões não relacionadas nem com o medo da censura nem com uma preocupação mercantil, mas que têm a ver com um dandismo narcísico, Stendhal apresentou as *Crônicas Italianas* e *A Cartuxa de Parma* como traduções de originais italianos. Na realidade, não se trata de uma mentira total, já que a ideia geral das *Crônicas* e da *Cartuxa* lhe foi inspirada por textos italianos do século XVI (*L'origine della grandezza di casa Farnese*, no caso da *Cartuxa*). Porém, não se trata de uma tradução propriamente dita, e, para tornar crível a própria semimentira, Stendhal imitou em francês os idiomatismos da língua italiana como se o texto inteiro tivesse sido traduzido de um original italiano. Mediante essa manipulação, ele aplicou no texto que estava produzindo seu próprio mecanismo de identificação com a italianidade. A sugestão da origem italiana do texto foi um modo de aludir à própria origem italiana, mais uma construção fictícia do que uma realidade. No entanto, o fato de Stendhal ter começado sua vida adulta quando entrou na Itália em 1800 com o exército do general Bonaparte pode nos levar a considerar o descobrimento do *bel paese* como o catalisador do nascimento do ego stendhaliano. A relação entre a escritura palimpséstica e a busca ou invenção de um palimpsesto

identitário se pode notar pela complementaridade perceptível entre a descrição da descida do jovem Henri Beyle (aliás,
Henry Brulard) desde os Alpes até a planície padana[4] e a
evocação dos mesmos Alpes pelo prisioneiro Fabrice na
Torre Farnese de Parma, colocada na mesma planície[5]. A
menção da Torre Farnese poderia ser interpretada como
uma alusão autorreflexiva à matriz textual constituída pelo
já mencionado texto da Renascença *L'Origine della grandezza
di casa Farnese*. De todo modo, a simetria invertida entre
a passagem iniciática de Saint-Bernard (iniciática também
de um ponto de vista sexual, já que o jovem Henri perdeu
sua inocência logo depois) e a visão panorâmica da cadeia
alpina desde a Torre Farnese evocada na *Cartuxa*, além de
aludirem à matriz textual do romance, ou seja, à sua origem
italiana, refletem aquelas contorções italianizantes do francês
por meio das quais Stendhal procura imitar o estilo de tradução do italiano e constituem o sinal de um palimpsesto
identitário verdadeiro ou suposto da parte do autor.

Às vezes, a fronteira entre a falsificação poética e a verdadeira tradução torna-se mais difícil de determinar porque
a mesma obra pode conter uma mistura de traduções autênticas e textos fabricados. É o que ocorre com a coleção *Stèles*,
do poeta francês Victor Segalen, publicada em Pequim em
1912. Lá coexistem poemas que são uma reescritura lírica
de crônicas históricas chinesas ou de estudos modernos
sobre a civilização chinesa com poemas cuja inspiração é
totalmente livre. Aqueles não são mais confiáveis que estes
últimos por não serem verdadeiramente reproduzidos de
estelas autênticas.

Porém, não se trata de uma mistificação flagrante como
a de Macpherson, pois Segalen nunca escondeu a verdadeira
origem das suas estelas, embora não a revelasse de maneira
explícita. Ele confessou o caráter fabricado das estelas
de papel em sua correspondência privada, não nas suas

4. Stendhal, *Vie de Henry Brulard*, capítulo 45.
5. Idem, *La Chartreuse de Parme*, capítulo 18.

publicações[6]. Além disso, vários poemas de *Stèles* traduzem os ensaios de escritura que o poeta realizou em chinês, de modo que podem ser considerados como autotraduções ou talvez retroversões, já que o exercício de compor obras originais em uma língua pouco conhecida se aparenta a uma tradução, ou seja, a um tema.

De qualquer forma, a língua chinesa está realmente presente no paratexto ou nos títulos dos poemas da coleção[7]. Os breves poemas em prosa aparecem como a expansão da ideia nuclear contida no título chinês. Nesse sentido, a tradução falsificadora e pseudoepigráfica consegue paradoxalmente redimir-se da suspeita de inautenticidade. Todas as manipulações entre a verdade e a mentira se complicam mais ainda por causa do formato adotado para publicar a primeira edição de *Stèles*. Essa edição de luxo, de apenas 81 exemplares, se apresenta como um livro chinês tradicional, fabricado com uma grande folha de papel coreano, dobrada como um acordeom em 102 páginas e protegida por duas placas de madeira ligadas por cordões amarelos. Outra marca de autenticidade chinesa foi a preocupação em reproduzir o formato de uma estela verdadeira, a estela nestoriana de Si-Ngan-Fu (erigida em 781)[8]. O suporte gráfico da estela e o formato inspirado nela demonstram a capacidade de referir-se aos artefatos da civilização chinesa, reproduzindo-os em francês. Porém, trata-se de uma tradução semiótica que faz passar do nível extralinguístico à dimensão linguística, e não de uma verdadeira tradução de uma língua para outra.

Essas mistificações literárias revelam a capacidade do autor de anular-se para reivindicar outra origem para o texto

6. Em carta escrita para Jules de Gaultier, 26 jan. 1913. Cf. Victor Segalen, *Stèles, peintures, équipées*, em Annie Joly-Segalen (ed.), Paris: Plon, 1955, p. 593.

7. Sobre a competência de Segalen em chinês, ver Paul Bady, Segalen: L'Empire des signes, em Jean Balcou; Yves Leroy (eds.), *Victor Segalen: Actes du Colloque de Brest, 26 aug – 28 oct. 1994*, Brest: Le Quartz, 1995, p. 285-288.

8. Henri Bouillier, *Victor Segalen*, 2. ed., Paris: Mercure de France, 1986, p. 244-245.

46

que está escrevendo. Tal movimento revela que a produção literária não está apenas no fato de escrever um texto. Os efeitos que podem ser criados ao redor do texto fazem parte da sua vida. Pelo prazer de conferir uma aura especial à obra, autores como Macpherson ou Segalen preferiram renunciar à paternidade literária e fabricar uma impressão enganadora de autenticidade. Os efeitos dessas manipulações podem ser muito poderosos: assim o *Livro de Mórmon*, cujo autor Joseph Smith Jr. fingiu ter traduzido do "egípcio reformado", tornou-se a base para a fundação de uma nova religião, o mormonismo. Para tornar crível o caráter revelado desse pastiche da *Bíblia,* o autor norte-americano quis deliberada-mente apresentar seu texto como traduzido de uma língua do antigo Oriente Médio.

*Textos Originais Percebidos Como Traduções
Independentemente da Vontade dos Seus Autores*

Na zona cinzenta entre os textos originais e as traduções, há vários casos de textos impropriamente percebidos como traduções em razão da origem particular dos seus autores. Um exemplo típico dessa reputação falsa que faz considerar o texto original como tradução de outra língua é *O Profeta*, de Khalil Gibran. Na realidade, esse escritor norte-ame-ricano nascido no Líbano havia escrito vários textos em árabe na juventude. Porém, os livros que lhe conferiram celebridade – *O Louco*, publicado em 1918, e *O Profeta*, em 1923 – foram escritos diretamente em inglês, embora vários rascunhos deste último tivessem sido redigidos em árabe. Seja como for, a escritura do *Profeta* não é uma tradução, mas uma variedade de prosa poética inglesa que imita vaga-mente o estilo das traduções da *Bíblia*, do *Alcorão* e, em certa medida, de *Assim Falou Zaratustra*, que, por sua vez, imita o estilo hierático das traduções da *Bíblia*. A identidade libanesa do autor influenciou a recepção da obra, de modo que o perfume de orientalismo que emana dos seus livros foi percebido como a marca de uma origem estrangeira do próprio texto. Na realidade, esse erro na avaliação da obra dissimula um núcleo de verdade, já que mesmo quando estava escrevendo diretamente em inglês, Khalil Gibran traduziu provavelmente uma parte do seu mundo interior que estava arraigado na língua e na cultura árabes.

Outro caso de mal-entendido com respeito ao estatuto da obra é o *Livre des questions* (O Livro das Questões), do poeta judeu egípcio Edmond Jabès. O livro consiste em fingir um diálogo entre rabinos fictícios que debatem de maneira reflexiva o estatuto do texto poético. O leitor familiarizado com a controvérsia rabínica e com o estudo do *Talmud* sabe bem que Jabès não pretendeu fazer o público acreditar que seus "rabinos charlatães", como ele mesmo os chama[9], fossem verdadeiros depositários da tradição judaica. Seus nomes são apenas máscaras para expressar pensamentos sobre a ontologia do texto poético. Porém, quem não tem ideia da natureza do texto talmúdico pode pensar que o texto de Jabès se nutre do *corpus* da literatura rabínica e que aquelas meditações sobre o estatuto do texto poético são uma tradução, ou pelo menos um eco, de supostas teorias judaicas sobre a relação entre o texto, o mundo e Deus. Um amigo de Jabès, o poeta Gabriel Bounoure, considerava o *Livro das Questões* como algo equivalente aos testamentos da *Bíblia*, ou seja, uma fonte de sabedoria prática que podia ser aberta aleatoriamente todos os dias para se obter um ensino apropriado à situação do momento[10]. Na realidade, para um poeta e homem de letras como Bounoure o mundo da escritura e da poesia era o mundo em geral, de modo que a ilusão de ser Jabès um difusor de sabedoria tem sua parcela de verdade. No entanto, a apresentação mesma dos aforismos pseudorrabínicos do *Livro das Questões* é muito diferente do método de exposição que prevalece no

9. Edmond Jabès, *Le Livre des questions*, Paris: Gallimard, 1963, p. 63.
10. Gérard Macé, Introduction, em Gabriel Bounoure, *Edmond Jabès: La Demeure et le livre*, Saint-Clément-de-Rivière: Fata Morgana, 1984, p. 13.

48

Talmud, já que na obra de Jabès o nome do rabino costuma aparecer após a frase que lhe é atribuída e não antes, como no comentário rabínico. Até os nomes dos rabinos são totalmente fictícios. Assim, de uma perspectiva exterior à tradição judaica o texto de Jabès parece ser o porta-voz de algo que o precede, ao passo que, na realidade, é uma construção pura. Uma vez mais, a impressão de o texto ser tributário de outro texto, escrito em outra língua, diminui a originalidade do poeta-criador que, nesse caso específico, inventou um novo discurso poético.

Traduções Apresentadas de Modo Fraudulento Como Textos Originais

Antes da sistematização do direito autoral, cuja aplicação começou apenas no início do século XVIII com a lei da rainha Ana, promulgada na Inglaterra em 1710, a tradução de uma língua para outra era ocasião para apropriar-se impunemente da obra traduzida, dissimulando o nome do autor original. Na Idade Média, a própria noção de paternidade literária não era bem definida. O copista de um manuscrito assumia direitos impensáveis hoje em dia na reformulação do texto que estava reproduzindo em outro exemplar[11].

Quando a imprensa multiplicou os lucros dos livreiros, a apropriação de um livro traduzido como se fosse obra original já não fazia parte da *movência* medieval da qual fala Zumthor. Resulta mais de uma vontade deliberada de roubar de maneira fraudulenta o texto traduzido mediante sua apropriação pelo tradutor desonesto. Um exemplo flagrante de manipulação do estatuto do texto traduzido é a tradução francesa do *Amadis de Gaula,* publicado em 1508

---

11. Essa indeterminação na formulação do texto entre os vários manuscritos é o que o medievalista Paul Zumthor chamou de *mouvance du texte médiéval,* e Bernard Cerquiglini, de *variance.* Cf. Paul Zumthor, *Essais de poétique médiévale,* Paris: Seuil, 1972, p. 73-75; Bernard Cerquiglini, *Éloge de la variante: Histoire critique de la philologie,* Paris: Seuil, 1989, p. 43-69.

pelo espanhol Garcí Rodríguez de Montalvo. Na tradução francesa do romance, efetuada entre 1540 e 1548 pelo picardo Nicolas de Herberay, menciona-se apenas anonimamente "o autor espanhol de *Amadis*"[12]. No prólogo, o tradutor Herberay até afirma que a versão espanhola é, também ela, a tradução de um manuscrito picardo que ele teria encontrado (sendo ele picardo)[13]. A tentativa de recuperar o *Amadis* foi ditada pelo fato de o herói cavalheiresco ser percebido como francês em razão do determinativo "de Gaula". Já que na época do Renascimento os franceses estavam justamente redescobrindo a própria identidade gálica, a palavra *Gaula* (ou seja, Gália) foi considerada um sinônimo de França e a personagem gaulesa, um paladino francês. A recuperação do cavaleiro errante pelos franceses do século XVI inspirou a ideia de atribuir de modo fraudulento uma origem francesa à obra. Além do efeito enaltecedor da identidade nacional francesa em formação, a manipulação que está na base dessa estratégia editorial foi também muito benéfica para Herberay que, em vez de se conformar com o seu estatuto de tradutor, fingiu ser o restituidor da versão original do texto. Não é fortuito que esse contrabando textual de um lado ao outro dos Pireneus tenha acontecido em uma época de beligerância entre o reino da França e a dinastia dos Habsburgos. O texto de Garcí Rodríguez de Montalvo foi recuperado como uma presa de guerra no conflito entre a França dos Valois e a Espanha dos Habsburgos.

Às vezes, é quase impossível saber se um texto é original ou uma tradução. É o caso dos contos do Rabi Nakhman de Bratslav (1772-1810), que foram ditados pelo rabino ao seu secretário Rabi Natan Sternhartz. A versão oral desses contos era provavelmente em ídiche, mas não se sabe se a versão

---

12. *Le Premier livre d'Amadis de Gaule,* trad. Nicolas de Herberay, seigneur des Essarts, ed. Hugues Vaganay, Paris: Hachette, 1918, p. xiv. Sobre a estratégia de recuperação do *Amadis* pelo tradutor, ver Cyril Aslanov, Amadis de Gaula, de Gaula a Francia via España: Las Hazañas de un Texto Errante, *Medioevo Romanzo,* v. XXXIV, 2010-2011, p. 125-138.

13. Ibidem, p. 130-133.

em ídiche representa o primeiro estado do texto escrito ou uma retradução posterior para essa língua. Talvez a versão original em ídiche esteja irremediavelmente perdida.

Manipulação da Identidade
da Língua-Fonte ou da Língua-Alvo

Manipulações da Língua-Fonte

Em várias situações históricas, o tradutor dissimulou a identidade da língua do texto original que traduzia. A razão dessa mentira sobre a língua-fonte pode se dever a uma atmosfera de suspeição ou de persecução. Na Espanha do século XV, mesmo antes da expulsão dos judeus, a Inquisição buscava desmascarar aqueles que haviam se convertido ao cristianismo sem sinceridade[14]. Essa conjuntura pode explicar por que uma tradução abreviada, que muito provavelmente foi efetuada do original hebraico ou, pelo menos, de uma tradução catalã, foi apresentada como traduzida do provençal pelo autor Guillem Serra, bispo catalão de meados do século XV[15]. Vamos admitir que, apesar da extrema proximidade entre o catalão medieval e o provençal, um leitor catalão do século XV precisasse recorrer a uma tradução para ler um texto provençal. Porém, o original supostamente provençal desse compêndio do texto bíblico não está atestado na Occitânia vizinha. Além disso, o texto do *Compendi* é repleto de índices que revelam um contato, mesmo mediado, com o original hebraico e com a exegese judaica. Isso leva a considerar que o termo "provençal" é apenas uma camuflagem utilizada para evitar que pareça dever algo aos judeus ou para escapar à suspeição de ter origem judaica.

---

14. Cf. Yosef Hayim Yerushalmi, *Assimilation and Racial Antisemitism*: *The Iberian and the German Models*, New York: Leo Baeck Institute, 1982.
15. *Compendi Historial de la Bíblia*, ed. Miquel Victoria Amer, Barcelona: [S.n.], 1873. Sobre esse texto, ver Joan Ruiz i Calonia, *Història de la Literatura Catalana*, Barcelona: Teide, 1954, p. 13.

Uma mentira mais banal consiste em fingir ter traduzido um texto do original quando, na verdade, o tradutor se apoiou parcial ou exclusivamente em uma tradução para outra língua que lhe era mais conhecida. Quando Voltaire traduziu o início dos *Lusíadas* (i, 1-2; 4)[16], baseou-se na tradução inglesa de Richard Fanshawe (1655). Já que naquele tempo a língua inglesa era pouco conhecida no continente europeu, a mediação de Voltaire contribuiu muito para tornar conhecida a epopeia portuguesa entre os franceses e os demais europeus capazes de ler em francês[17].

Também as primeiras traduções do *Dom Quixote* para o russo foram efetuadas de traduções intermediárias francesas. A relação indireta com o texto original deve-se à grande distância entre Rússia e Espanha e ao papel central da cultura francesa na Rússia dos séculos XVIII e XIX. Pela mesma razão da falta de vínculos culturais entre a Europa oriental e o mundo hispânico, a primeira tradução do *Dom Quixote* para o hebraico foi tentada em 1911 pelo poeta Haim Nakhman Biálik, nascido em Radi, hoje pertencente à Ucrânia, em 1873. Seguindo o precedente das traduções indiretas do romance de Cervantes, Biálik utilizou uma tradução russa abreviada e uma tradução alemã para produzir uma adaptação livre do texto em hebraico clássico. E pela distância entre o mundo russófono e os contextos culturais ibéricos, as traduções portuguesas da literatura russa eram intermediadas pelas versões francesas. Graças à corrente migratória que trouxe ao Brasil habitantes da Europa central e oriental, o intermédio da tradução francesa deixou de ser necessário para expor ao público brasileiro os tesouros da literatura russa e de outras literaturas europeias. Boris Schnaiderman, que traduziu muitas obras russas do original, fez perceber *a contrario* a incongruência da situação à qual

16. Essai sur la poésie épique, *Œuvres complètes de Voltaire*, Paris: [S.n.], 1865, v. II, p. 366b.
17. David Williams, "William Mickle et Voltaire: À La recherche de Camões", em Michel Delon; Catriona Seth (eds.), *Voltaire en Europe: Hommage à Christiane Mervaud*, Oxford: Voltaire Foundation, 2000, p. 93-103.

ele pôs fim. A esse propósito, parece estranho Mishima ter exigido que a tradução dos seus romances para o francês fosse feita da tradução inglesa. Talvez ele não acreditasse que os tradutores de japonês-francês fossem capazes de produzir um texto confiável. Só os poemas de Mishima foram vertidos por um tradutor de japonês-francês (Mitsuo Yuge)[18].

Manipulações da Língua-Alvo

Quando a discrepância entre a língua-fonte e a língua-alvo é muito grande, o tradutor precisa manipular o mecanismo da língua-alvo para torná-la capaz de interiorizar o padrão do original. Isso acontece durante o processo de tradução de uma língua hegemônica para uma língua em processo de construção (o que os alemães chamam de *Sprachaufbau*, "construção linguística"). Quando os tibônidas, judeus granadinos exilados na cidade de Lunel, no Languedoc, traduziram os principais textos da filosofia árabe ou judaico-árabe para o hebraico, inventaram palavras para transpor os termos técnicos árabes que não tinham equivalentes na língua-alvo. Podemos recordar aqui o famoso caso da invenção da palavra *ṭeba'*, "natureza", baseada no termo árabe *ṭabī'āh*. Por mais esquisito que pareça, a língua hebraica não tinha nenhuma palavra para designar a natureza no sentido do grego φύσις (*phýsis*) até a adaptação do termo árabe ao sistema fonético do hebraico.

Esse processo é semelhante à colonização da língua-alvo com palavras ou raízes provindas da língua-fonte. No sentido oposto e por razões que não se devem à pobreza da língua-alvo, a tradução da *Bíblia* para o árabe efetuada por Saádia Gaon no século x introduz no texto-alvo palavras hebraicas mesmo quando os equivalentes etimológicos árabes não têm o mesmo significado. Assim, para traduzir a palavra *'agam*, "lago", Saádia não usou a palavra árabe *baḥīrāh*, mas o termo *'ajam*, que embora seja aparentado etimologicamente com

---

18. Yukio Mishima, Djisei (Les Deux derniers poèmes de Mishima), *Nouvelle Revue Française*, n. 219, mar. 1970, p. 52.

'agam, tem significado bem diferente, o de "arvoredo no deserto". Em ambos os casos, parece que os tradutores não quiseram separar-se da língua-fonte – o hebraico para Saádia e o árabe para os tibônidas – a ponto de manterem a presença da língua-fonte na língua-alvo. Essa situação lembra a de um viajante que, ao se despedir tristonho de um país, fixa o olhar na margem da qual está se afastando.

A vontade de manter a língua-fonte na língua-alvo revela que a tradução fica no espaço intermediário entre as duas línguas, ou seja, na interlíngua. É uma característica do horizonte linguístico judaico fazer coexistir na diglossia duas línguas diferentes e não só dois estados da língua: a língua hebraica como língua alta e a língua vernácula como língua baixa[19].

Entre os dois polos dessa diglossia se constitui uma interlíngua que funciona como válvula de transmissão. O exemplo mais típico desse processo é fornecido pelo ídiche, língua que absorveu muitas palavras do hebraico. A tradução do hebraico para o ídiche consiste frequentemente na transposição de um termo hebraico para outro termo hebraico integrado na língua ídiche. Assim, o versículo de *Gênesis* 25, 34, "Esaú menosprezou a primogenitura" (*wa--yibez 'Esāw 'et ha-bəkorāh*), foi traduzido como *s'iz geven Esov mevazeh di bkhoyreh* em uma das traduções ídiches do Pentateuco. A expressão *mevazeh di bkhoyreh* contém dois termos hebraicos integrados ao ídiche que são variações da formulação do texto original: *mevazeh*, "menosprezando", reproduz *yibez*, "menosprezou", em outro esquema morfológico (particípio do intensivo em lugar do imperfeito), ao passo que o substantivo *bkhoyreh*, "primogenitura", é o mesmo que *bəkorāh* pronunciado com o sotaque particular dos asquenazitas. Na realidade, mesmo em hebraico os asquenazitas costumavam pronunciar a palavra *bəkorāh* de um modo muito similar a *bkhoyreh*: *bekhoroh*. A diferença

---

19. Joshua A. Fishman, Bilingualism With and Without Diglossia, Diglossia With and Without Bilingualism, *Journal of Social Issues*, v. 23, n. 2, 1967, p. 29-38.

entre os dois deve-se apenas ao fato de que *bekhoroh* constitui uma pronúncia litúrgica de *bəkorāh* segundo o rito asquenazita, ao passo que *bkhoyreh* é uma realização fonética vernácula.

Outro exemplo de colonização da língua-alvo pela língua-fonte é fornecido pelas mais antigas traduções romenas da *Bíblia*. Na realidade, uma delas, a *Palia de la Orăştie* (1582), baseia-se no texto da Vulgata latina, provavelmente intermediado por uma versão húngara. Quanto às duas outras – a *Bíblia de Bucareste* (1688) e a *Bíblia de Blaj* (1795) –, a primeira provém da Septuaginta, e a segunda, da Vulgata. No entanto, uma análise do léxico dessas bíblias revela que a verdadeira fonte – ou, ao menos, o intermediário que permitiu a transposição do húngaro, do grego ou do latim para o romeno – foi a versão da *Bíblia* em eslavo antigo. Essa situação, que se deve ao fato de o eslavo eclesiástico ter sido a língua cultual e cultural dos romenos até o século XVIII, explica por que o texto das três traduções mencionadas contém inúmeras palavras e fórmulas emprestadas diretamente do texto da *Bíblia* eslava. Assim, para traduzir a frase de *Êxodo* 15, 1, *gloriose enim magnificatus est*, "porque ele manifestou sua glória" (*Bíblia Ave Maria*), o tradutor transilvano da *Palia de la Orăştie* usou uma fórmula que parece a romenização superficial do texto eslavo mais do que realmente uma tradução: *cu slavă s-a preslăvit* como *slavno bo proslavisja*, em que a locução prepositiva *cu slavă*, "com glória", transpõe *slavno*, "gloriosamente", e o verbo pronominal *s-a preslăvit*, "tem-se glorificado", reproduz o verbo pronominal eslavo *proslavisja*, "glorificou-se". Na realidade, quase todos os versículos das antigas bíblias romenas podem ilustrar esse processo, como se a base românica da língua romena não fosse suficiente para servir de língua-alvo. No trabalho de tradução da *Bíblia* para o romeno, os tradutores pararam a meio caminho, usando um registro linguístico ainda mais eslavizado que a língua usual.

Esses exemplos demonstram como se pode traduzir sem realmente traduzir, a língua-alvo sendo quase a prolongação da língua-fonte ou da língua que serviu de mediação entre a língua-fonte e a língua-alvo. A diferença entre as duas línguas é diminuída pela presença maciça da língua-fonte na língua-alvo (independentemente do ato de tradução). Essa imbricação parece refletir uma situação pré-babélica, quando "toda a terra tinha uma só língua" (*Gênesis* 11, 1).

Ao contrário dessa indistinção entre língua-fonte e língua-alvo, por vezes uma língua se divide artificialmente em várias outras para expressar linguisticamente uma diferença que, a princípio, não tem nada de linguístico. Assim, após a desintegração da Iugoslávia, a língua servo-croata foi dividida em quatro segundo uma planificação glotopolítica que vem buscando acentuar o contraste entre as identidades linguísticas. O resultado foi que, hoje em dia, se costuma distinguir entre o sérvio, o croata, o bósnio e o montenegrino. Essas subdivisões correspondem supostamente às novas entidades políticas que resultaram do desmantelamento do território iugoslavo a partir de junho de 1991. No entanto, as diferenças dialetais autênticas do servo-croata transcendem as fronteiras políticas, com exceção do montenegrino, cujos promotores exploraram algumas diferenças fonéticas do dialeto local e assim criaram uma língua oficial para Montenegro, país ressuscitado em 2006.

O fato é que a afirmação da diferença entre as quatro línguas mencionadas é geralmente muito artificial. No passado, os livros escritos em outra língua – língua estrangeira ou língua usada na República Federativa Iugoslava, como o esloveno ou o macedônio – eram traduzidos para o servo-croata, ou seja, para uma língua única escrita em dois alfabetos: o latino para os públicos croata e bósnio, e o cirílico para os leitores sérvios e montenegrinos (foi só recentemente que os últimos trocaram o cirílico pelo alfabeto latino). Hoje em dia, os textos escritos em língua estrangeira teriam idealmente de ser traduzidos para duas, três ou talvez quatro línguas – o sérvio, o croata, o bósnio e o montenegrino. Porém, a diferença entre as traduções aqui mencionadas é, em geral, muito menor que entre uma versão escrita em português do Brasil e outra adaptada ao público português. O caso do montenegrino, que nem conseguiu manter a própria visibilidade na Wikipedia, demonstra a dificuldade dos falantes dessa língua em manifestar a própria personalidade com respeito ao sérvio ou ao croata.

Um fenômeno similar acontece entre o hindi e o urdu, duas línguas que, em muitos casos, diferem entre si só pelo fato de que o hindi se escreve com o silabário devanágari, ao passo que o urdu utiliza o alfabeto árabe. Porém, tanto o hindi quanto o urdu constituem especificações de uma língua comum – o hindustâni. Só na camada alta da diglossia é possível perceber diferenças flagrantes entre as duas línguas, ao passo que no nível vernacular essas divergências tendem a desaparecer. Porém, a diferença de escrita justifica a existência de duas traduções.

A Imitação Poética:
Mais Que uma Tradução e Menos Que uma Criação Original

No contexto da emulação poética que caracteriza o Renascimento, a fronteira entre a tradução e a apropriação do texto nem sempre é facilmente determinável. A tradução pode ser um meio para manifestar talentos poéticos e criativos. Na época das *belles infidèles*, que teve seu apogeu na França do século XVIII, a concepção corrente era que a tradução para outra língua (o francês, nesse caso) constituía um meio de melhorar a obra original que tivera a infelicidade de ser escrita em um idioma supostamente menos nobre que o francês. Animado por essa condescendência, o tradutor-imitador não se sente obrigado a respeitar a formulação exata do texto original. Esse tipo de tradução parece frequentemente mais próximo da imitação poética do que da tradução escrupulosa e fiel. É mais livre que uma verdadeira tradução, mas ainda está vinculada ao padrão do original, apesar de se apresentar como obra do adaptador.

Às vezes, a tradução-imitação comporta dimensões extratextuais, como na ode do renascentista francês Pierre de Ronsard, "À la Fontaine Bellerie" (*Odes* II, 9), que imita a ode de Horácio dedicada à fonte de Bandúsia (*Carmina* 3.13). Ronsard não só traduziu o texto, mas mudou a destinatária ao substituir a fonte de Bandúsia por uma do seu país, baseando-se no fato de que os dois topônimos começam com a mesma letra. Na realidade, Ronsard apenas imitou o processo de *translatio studii*, "transferência cultural", que seu próprio modelo Horácio havia efetuado quando adaptou os motivos da poesia grega à sua poética, retomando frequentemente fórmulas inteiras, sobretudo no início das suas odes[20].

Em geral, toda a produção literária latina desde Ênio reflete o esforço para competir com os modelos helênicos. Essa emulação sistemática chegou ao apogeu com Virgílio, cujas *Bucólicas* são uma imitação dos idílios do poeta alexandrino Teócrito. Adotando esse modelo, Virgílio transpôs, amiúde, a cena dos seus poemas da Sicília do siracusano Teócrito para a Itália setentrional, onde ele próprio nascera. O mesmo processo de transposição poético-geográfica se reproduziu quando ele pôs em cena os principais episódios da *Ilíada* e da *Odisseia* no Mediterrâneo ocidental. Esse processo de translação vai além da tradução porque consiste em adaptar livremente vários motivos presentes na obra que se transpõe para outra língua. Assim, a gruta de Calipso da *Odisseia* (1.15; V.57, 63, 77, 194, 225) tornou-se a gruta onde Dido e Eneias conheceram as joias do amor (*Eneida* IV.165-172).

Obviamente, nem Ronsard nem seus predecessores romanos imaginavam poder ocultar o fato de terem roubado materiais literários de seus antecedentes, já que mesmo na época da produção daquelas obras poéticas a literatura grega era conhecida pelos leitores cultos do mundo romano. Também na França do século XVI uma pessoa capaz de

---

20. Sobre a imitação criativa que Horácio fez de Alceu de Mitilene e de outros poetas arcaicos ou helenísticos, ver Eduard Fraenkel, *Horace*, Oxford: Clarendon, 1957, p. 154-214.

entender os poemas de Ronsard tinha provavelmente lido os clássicos latinos que lhe serviram de modelo. Não se trata, portanto, de uma fraude do mesmo nível de gravidade da apropriação desonesta já mencionada, mas pode ser considerada o resultado de um preconceito triunfalista segundo o qual a imitação em outra língua seria um modo de valorizar o poema original ou a sua temática. Essa ilusão permitiu ao poeta renunciar à demonstração da própria originalidade, utilizando-a no esforço de buscar equivalentes das formulações da língua-fonte e do contexto cultural relacionado a ela. A desonestidade consiste em pretender originalidade e criatividade mesmo no âmbito da tradução, como se a tradução de uma língua para outra, ou de um contexto cultural para outro, fosse suficiente para glorificar-se como um poeta inspirado. *Mutatis mutandis*, esse processo é semelhante ao que acontece quando a indústria cinematográfica norte-americana procede ao *remake* de filmes europeus.

O resultado desses contrabandos transnacionais é duplamente enganador não só porque esse tipo de produto já não pertence ao contexto do original, mas também porque não reflete a cultura da língua-alvo. Na realidade, a "Fontaine Bellerie" de Ronsard alcançou o resultado esperado porque, paradoxalmente, se produziu um transtorno entre o modelo e o original, já que a dimensão referencial da ode horaciana desapareceu, ao passo que a "Fontaine Bellerie" corresponde a uma fonte que ainda existe na região de Vendôme, onde Ronsard nasceu. Porém, a gruta campestre perto de Cartago não corresponde a nenhuma dimensão referencial para Virgílio, de modo que a introdução desse motivo obedece a uma vontade de aclimatar a ficção homérica à epopeia culta que o poeta de Mântua escreveu para competir com seu modelo grego. Aliás, para Homero também a caverna de Calipso pertencia, se não ao intertexto escrito, pelo menos ao universo das lendas orais e da mitologia. Mais uma vez, é possível reverter a suspeição de inautenticidade dizendo que a caverna de Calipso pertence a uma geografia mítica, ao passo que a caverna que abrigou os amores de Eneias e Dido situa-se perto de uma cidade bem conhecida dos romanos.

Será que a acusação de falta de sinceridade deve-se à situação particular em que se encontra o poeta culto, mais relacionado com o intertexto livresco do que com a realidade referencial? O fato é que a vontade de reaproveitar motivos mediante a imitação criativa de obras estrangeiras parece derivar de um pressuposto segundo o qual as culturas, ou pelo menos várias delas, são mutuamente traduzíveis. Até os deuses das civilizações antigas foram sujeitados à *interpretatio graeca* mencionada no capítulo precedente. Mais uma vez, percebe-se aqui uma desonestidade relativa, já que essa reinterpretação nivelou as diferenças entre as culturas em contato, assimilando a civilização romana aos padrões do helenismo.

A Promoção do Texto Mediante Sua Recriação em Outra Língua

Mais perto de nossa época manifesta-se uma tendência de reapropriação das obras traduzidas sem esconder nem o nome do autor verdadeiro nem a língua da qual o texto foi traduzido, mas reelaborando totalmente o texto na língua-alvo, como se a tradução para a língua nacional constituísse uma promoção da obra original. Essa reapropriação caracteriza a política de tradução que prevalecia na França no século XVIII (*les belles infidèles*). Considerando que sua língua era um meio de expressão universal, os franceses permitiam-se adaptar o texto original das obras que traduziam ao imperativo de elegância associado ao gosto francês. Assim, o barroco Shakespeare não só foi traduzido para o francês como também reformulado segundo o cânone clássico que era tão estreitamente associado à língua-alvo.

No século seguinte, os românticos adotaram a mesma estratégia de reapropriação, mas para servir a outras finalidades. Já não se tratava de fazer passar a obra traduzida a uma pretendida perfeição estética universalmente comprovada. Os românticos nacionalistas dos países da Europa central e oriental consideravam que a tradução da obra para o idioma nacional aproximava o texto do gênio da língua e, mais amplamente, do espírito nacional. Movidos por uma abordagem etnocêntrica, aqueles românticos particularistas consideravam a tradução como uma ocasião para melhorar o texto. Essa pretensão despropositada se expressa ironicamente na fórmula ídiche *Shakespeare fartaitscht un farbessert*, "Shakespeare traduzido e melhorado", como se a tradução do dramaturgo nacional inglês para a língua étnica dos judeus da Europa oriental tivesse sido uma ocasião para corrigir as imperfeições do texto original.

A reapropriação dos textos da literatura ocidental mediante sua recriação nas línguas da Europa central e oriental difere dos casos de imitação considerados há pouco, porque no caso da imitação criativa ao menos a estrutura latente do texto traduzido é respeitada, o que não acontece necessariamente numa situação de reapropriação agressiva[21]. Quando o tradutor é excepcionalmente dotado, sua criatividade poética pode provocar uma distorção da mensagem poética original.

Essa tendência à apropriação do texto traduzido pelo tradutor se manifesta claramente nas traduções que o poeta de língua alemã Paul Celan fez de alguns poemas de Fernando Pessoa. Sua alemanização do texto português é também uma "celanização" dos versos originais. Celan desmantela o verbo poético de Pessoa, impondo sobre ele a própria estética pós-moderna em vez de manter a fluidez do poeta português. Assim, o poema "Iniciação" é reinterpretado segundo uma poética do fragmento:

> Não dormes sob os ciprestes
> [...]
> O corpo é a sombra das vestes
> [...]
> Vem a noite, que é a noite

21. Sobre a distinção sutil entre tradução-recriação e tradução-imitação, ver Efim Etkind, *Un Art en crise: Essai de poétique de la traduction poétique*, trad. Wladimir Troubetzkoy, Lausanne: L'Age d'Homme, 1982, p. 22-27.

Celan transforma esses três versos assim:

> *Zypressen – du schläfst nicht darunter*
> [...]
> *Dein Leib: ein Gewänderschatten*
> [...]
> *Die Nacht – der Tod – rückt dir näher.*[22]

A estrutura assindética simbolizada pelos dois-pontos ou pelo travessão substituiu as relações sintáticas coerentes da frase verbal. Essa nominalização-substantivação da sintaxe de Pessoa deve-se provavelmente à imagem do poeta português como um típico representante do modernismo. Porém, o modernismo de Pessoa não reside necessariamente na sintaxe, mas na desintegração do sujeito lírico. Celan decidiu desintegrar o texto como fez nas suas próprias criações originais[23].

Além dessa "celanização" do texto de Pessoa, nota-se uma tendência em acentuar sua dimensão filosófica. Já que Celan era muito influenciado pelo pensamento de Martin Heidegger, a mediação do poeta-tradutor resultou em "heideggerizar" os versos do poeta lisboeta. Assim o verso "Basta existir para se ser completo"[24] torna-se *Dazusein genügt, um ganz zu sein*[25], "existir basta para ser inteiro", com um efeito de rima interna entre *dazusein*, "existir", e *sein*, "ser". O que aparece como uma afirmação tímida sob a pena heteronímica de Alberto Caeiro ressoa como um apotegma bem cadenciado, uma vez que Celan o reinterpretou segundo a oposição cardinal entre o ser e a existência na filosofia heideggeriana. Só que para a figura heteronímica de Alberto Caeiro não se trata de uma ontologia bem articulada, mas de uma profissão de fé do *contentus parvo* no estilo de Horácio.

---

22. *Gesammelte Werke*, ed. Beda Allemann; Stefan Reichert, Frankfurt: Suhrkamp, 1983, p. 562.

23. Para um paralelo entre Celan e Pessoa, ver Cyril Aslanov, Pessoa's Heteronymy between Linguistics and Poetics, *Partial Answers: Journal of Literature and The History of Ideas*, v. 10, n. 1, jan. 2012, p. 121-132.

24. Alberto Caeiro, A Espantosa Realidade das Coisas.

25. P. Celan, op. cit., p. 569.

Revertendo a ordem das palavras e colocando o verbo *dasein* (*dazusein*), "existir", antes de *genügt*, "basta", Celan reorientou a afirmação para uma dimensão mais ontológica do que simplesmente epicuriana.

Celan fez a mesma tentativa de reinterpretar os textos traduzidos segundo as suas prioridades com poemas escritos em francês, inglês[26], italiano, romeno, russo e hebraico. Em todos esses casos, o fato de Celan ser um poeta muito original e criativo impediu-o de ser apenas um tradutor. Ele não pôde resistir à tentação de dar um aspecto muito pessoal aos escritos de outros poetas.

A Apropriação Involuntária
do Texto Pelo Tradutor

Assim como no conto "Notas ao Pé da Página", de Moacyr Scliar, acontece de o tradutor alterar profundamente a natureza do texto traduzido, às vezes com as melhores intenções do mundo. A tradução dos romances do escritor israelense David Shahar para o francês, por exemplo, revela um processo de apropriação pela tradutora Madeleine Neige. Nesse caso, pode-se falar de reapropriação, já que a tradutora francesa percebeu que a maior fonte de inspiração de Shahar era Marcel Proust. Expondo o modelo proustiano do autor israelense, Neige produziu um texto que parece um pastiche de Proust. Graças a esse alinhamento da tradução com o padrão constituído pelo modelo proustiano, o texto de Shahar foi muito prezado pelo público francês, muito mais que o original hebraico no horizonte de recepção israelense. Embora Proust tenha sido traduzido para o hebraico[27] e apesar do interesse

26. Sobre a "celanização" dos sonetos de Shakespeare, ver Michael Eskin, *Poetic Affairs: Celan, Grünbein, Brodsky*, Stanford: Stanford University Press, 2008, p. 25-57.

27. Sobre os problemas postos pela tradução de Proust para o hebraico, ver Helit Yeshurun, À La recherche de l'hébreu, em Bernard Brun; Judith Hassine (éds.), *Marcel Proust 4: Proust au tournant des siècles*, Paris/Caen: Minard/Lettres Modernes, 2004, p. 211-222.

que vários intelectuais israelenses manifestam hoje em dia pelo romancista francês, o ciclo *Em Busca do Tempo Perdido* aparece como um fruto exótico, dificilmente comestível para leitores mais acostumados aos padrões da literatura russa, alemã e norte-americana. O fato de Shahar ter imitado o modelo proustiano se integra no perfil excêntrico de um autor que nunca se identificou com a boemia literária israelense (especialmente no que se refere às suas opiniões políticas de direita que contrastavam com a identificação de quase todos os escritores contemporâneos com a esquerda moderada). Sendo um lobo solitário, Shahar preferiu escolher um modelo que seus colegas haviam negligenciado.

Essa reapropriação de uma obra hebraica manifestamente influenciada por Proust parece uma volta à origem que é tanto mais simbólica porque Neige e Shahar mantiveram um relacionamento amoroso duradouro. A fusão romântica do autor com sua tradutora (o que também faz pensar no conto de Scliar) permitiu a Neige uma liberdade que consistia em traduzir o texto arrogando-se as prerrogativas do autor e impondo a própria interpretação da obra de Shahar como um produto derivado de Proust. O fato de essa tradução ter alcançado melhor recepção que o original quase dá razão ao paradoxo desenvolvido por Maurice Blanchot, o qual pretendia que a tradução era melhor que o original[28], e por Michel Foucault, para quem o original não era investido de nenhuma autoridade com respeito às suas traduções[29]. A concepção pós-moderna de tradução representa uma regressão à ideia ingênua e etnocentrista segundo a qual a apropriação da obra original mediante a tradução para outra língua seria uma oportunidade de melhorar o texto. Veremos adiante, a propósito da pretendida intraduzibilidade do significante, que o pós-modernismo representa em muitos aspectos uma regressão até a irracionalidade.

---

28. Traduire, *L'Amitié,* Paris: Gallimard, 1971, p. 67-73.

29. Michel Foucault, Qu'est-ce qu'un auteur?, *Dits et écrits, 1954-1988,* ed. Daniel Defert; François Ewald, Paris: Gallimard, 1994, t. I, p. 789-821.

A inversão da hierarquia entre o original e a tradução oferece mais uma exemplificação do anti-intelectualismo dos pós-modernos. Nisso, eles se comportam como os cristãos ortodoxos que tomam a tradução dos Setenta como mais autorizada que a *Bíblia* hebraica, da qual ela foi traduzida. Na realidade, o texto hebraico conservado pelos massoretas não representa exatamente a versão seguida pelos tradutores alexandrinos. Porém, não foi por esse escrúpulo filológico que os gregos ortodoxos contestaram a legitimidade do texto massorético. Invocando a autoridade da lenda conservada na "Carta de Aristeias", eles viram na tradução dos Setenta uma obra inspirada pelo Espírito Santo. Já que os gentios não podiam reclamar a revelação do Monte Sinai, a qual era prerrogativa de Israel, a história da inspiração milagrosa da tradução do Pentateuco deu legitimidade ao helenismo e à língua grega, considerados o receptáculo de outra revelação, diferente da *Torá*. A ironia do destino quis que um dos manuscritos mais autorizados para reconstruir o texto da versão dos Setenta, o Codex Sinaiticus, tivesse sido precisamente redescoberto no monastério Santa Catarina do Monte Sinai, no lugar onde supostamente se deu a revelação mosaica.

Além disso, o cristianismo de língua grega queria provavelmente reduzir a distância entre os dois testamentos, já que o *Novo Testamento* é, em parte, composto originalmente em grego. Assim, o comentário tipológico dos padres da Igreja oriental que se apoia sobre o texto da tradução dos Setenta foi investido de mais autoridade. Essa atitude que consiste em preferir a tradução dos Setenta ao original hebraico logrou obter certa justificação acadêmica graças ao mencionado descobrimento do Codex Sinaiticus. Na realidade, esse manuscrito da *Bíblia* grega do século IV é anterior em pelo menos seiscentos anos ao Códice de Leningrado, o mais antigo manuscrito completo da *Bíblia* hebraica (datado de 1008). Porém, essa maior antiguidade do Codex Sinaiticus é um dado meramente quantitativo. Qualitativamente, não resta dúvida de que a versão massorética apoiada sobre uma tradição filológica escrupulosa (codificada a partir do século VII pelos massoretas de Tiberíades) é mais confiável que o texto grego dos Setenta, o qual passou por tantas recensões que é muito difícil reconstituir a versão primitiva da tradução. A realidade do texto dos Setenta denega a lenda da uniformidade da tradução produzida pelos 70 ou 72 sábios reunidos por Ptolomeu II Filadelfo. Na verdade, a *Bíblia* grega é um dos textos mais proteiformes e inapreensíveis da história da literatura.

3. A TRADUÇÃO COMO BAJULAÇÃO

A Tradução dos Títulos

A tradução dos títulos das obras literárias, teatrais ou cinematográficas tem suma importância estratégica na comercialização desses produtos culturais. Essa dimensão da
tradução envolve fatores extralinguísticos relacionados com
os códigos dos falantes da língua-alvo. Antes de abordar a
função mercantil da tradução, gostaria de ilustrar a dimensão
pragmática expressa pela língua com um exemplo provindo
dos trens europeus. Nesse contexto, a proibição de inclinar-
-se para fora da janela está formulada em quatro línguas:
francês, inglês, alemão e italiano: *ne pas se pencher au dehors*;
do not lean out; *nicht hinauslehnen*; *è pericoloso sporgersi*.
A comparação entre as quatro versões da mesma fórmula
revela que a tradução italiana não é uma interdição, mas a
constatação de um perigo objetivo. A discrepância entre o
francês, o inglês e o alemão, por um lado, e o italiano, por

outro, tem a ver com a idiossincrasia da Itália moderna, onde o Estado é uma criação demasiado recente para fazer respeitar a lei com eficácia. Nesse contexto cultural em que a lei abstrata não goza de quase nenhuma autoridade, o melhor modo de impor uma regra de segurança é suscitar o medo de um perigo concreto.

A tradução manipuladora busca levar em conta os pressupostos implícitos que facilitam a compreensão intuitiva da mensagem. Quando se trata de uma fórmula breve ou de um título, essa compreensão precisa ser imediata e subliminar. Assim, a primeira edição da tradução francesa de *Os Maias*, de Eça de Queirós, por Paul Teyssier, se intitulava *Une Famille portugaise* (1956). Em lugar do artigo definido e do nome próprio, a adaptação francesa do título do romance fazia aparecer um artigo indefinido e o nome comum *famille*, como se a família Maia tivesse sido uma família qualquer. Esse exemplo demonstra uma banalização da fórmula, o que representa exatamente o contrário do que se procura na tradução dos títulos. A menos que o leitor fosse já um apreciador de Eça de Queirós, é pouco provável que comprasse espontaneamente a obra em sua primeira tradução francesa. Isso pode explicar por que em 1971, com a segunda edição da tradução, o título foi substituído por *Les Maia*, em que o uso do nome próprio confere uma dimensão de mistério capaz de atrair o leitor potencial.

Um processo similar de banalização aconteceu com a tradução do conto filosófico *Candide* de Voltaire, que mencionamos no capítulo precedente a propósito das pseudotraduções. A tradução portuguesa de *Candide, ou l'optimisme* por *Cândido, ou O Otimismo* envolve uma mínima intervenção manipuladora da parte do tradutor. No entanto, essa não intervenção provoca paradoxalmente uma alteração profunda porque nos horizontes lusófono e francófono o nome *Cândido* não tem o mesmo valor. Na França, *Candide* não é um nome usual e sua utilização por Voltaire reflete uma intenção irônica, sublinhada pelo fato de que outro conto do próprio Voltaire tem título equivalente do ponto de vista semântico: *L'Ingénu* (O Ingênuo), publicado em 1767, oito anos após a primeira edição de *Candide*. Porém, esse efeito se apaga no horizonte de recepção lusófono diante da quantidade de portugueses e brasileiros com o nome *Cândido*. Talvez porque estivesse consciente desse problema da neutralização da dimensão irônica, o cineasta Abílio Pereira de Almeida substituiu o nome *Cândido* pelo diminutivo *Candinho* no filme homônimo que produziu em 1954, retomando a ideia geral da obra francesa. Esse hipocorístico pode expressar a intenção condescendente e irônica veiculada pelo título *Candide* no horizonte de recepção francês.

Além de ter um impacto fundamental sobre a comercialização da obra, a tradução do título pode condicionar a interpretação do livro ou do filme. Assim o famoso romance de Victor Hugo, *Notre-Dame de Paris, 1482*, recebeu o título *The Hunchback of Notre-Dame* na tradução inglesa de Frederick Shoberl, saída em Londres em 1833, dois anos após a publicação do original francês, e o título mais desenvolvido *The Hunchback or Bell Ringer of Notre-Dame*, em uma tradução posterior, publicada nos Estados Unidos[1]. Note-se que o original francês do título inglês aparece no próprio corpo do texto (livro IV, capítulo III) para descrever Quasímodo ("le bossu de Notre-Dame"). O fato é que, ao ser comercializado na França (1996), o filme de animação produzido pelos estúdios Disney não recuperou o título do livro de Hugo, mas foi traduzido como *Le Bossu de Notre-Dame*.

A preferência por um título que se concentra na pessoa de Quasímodo reflete uma abordagem interpretativa que considera o corcunda da catedral de Paris como o protagonista do romance. Na realidade, no capítulo mencionado, o próprio Hugo sugeriu que Quasímodo era como a alma do edifício físico da igreja gótica, de modo que houve uma

---

1. Sobre a história das primeiras traduções inglesas ou americanas de *Notre-Dame de Paris*, ver Monique Lebreton-Savigny, *Victor Hugo et les Américains*, Paris: Klincksieck, 1971, p. 22-25.

relação de complementaridade entre a pessoa e o monumento de pedra.

Porém, talvez houvesse outra razão para substituir o nome da igreja pelo nome do gênio tutelar que a anima. Para o público britânico da primeira metade do século XIX, a catedral de Paris não constituía necessariamente uma referência importante, sobretudo se levarmos em conta a diferença cultural entre o mundo anglo-saxão de sensibilidade protestante e o horizonte espiritual católico, no qual a onipresença do culto a Maria podia justificar a centralidade da catedral dedicada à Virgem. Com efeito, o romance preserva seu título original de *Notre-Dame de Paris* (sem a data de 1482) nas traduções para o português e o italiano. Nas traduções espanholas, ele foi levemente adaptado: *Nuestra Señora de Paris*. Porém, no contexto anglicano da Inglaterra daqueles tempos era difícil conferir tanta centralidade à igreja parisiense ou à sua figura epônima na economia do enredo narrativo. Para promover a venda do livro no mundo anglo-saxão foi preciso insistir em uma dimensão mais exportável que a topografia parisiense, ou seja, a dimensão individual e idiossincrásica do corcunda. Aliás, a presença de Notre-Dame não é completamente apagada no título da tradução inglesa. A menção à catedral passa apenas do primeiro plano correspondente à função de determinado no sintagma nominal (*Notre-Dame de Paris*) para o segundo plano, ou seja, a função de determinante (*The Hunchback of Notre-Dame*).

É muito provável que o título da tradução inglesa tenha influenciado a escolha do título original de um conto de Anatole France publicado em 1892: "Le Jongleur de Notre--Dame", "O Jogral de Nossa Senhora". Na realidade, o conto de France foi inspirado em um poema de Gautier de Coincy (1177-1236) intitulado "Del Tumbeor Nostre Dame", "Do Jogral de Nossa Senhora", integrado na obra conhecida como *Les Miracles de Nostre-Dame*, "Os Milagres de Nossa Senhora". Porém, o título do conto de Anatole France é mais assemelhado ao título de Hugo retrovertido do inglês para o francês, *Le Bossu de Notre-Dame*, do que ao título da obra de Gautier de Coincy, na qual o determinante, *Nostre Dame*, se conecta diretamente ao determinado, *tumbeor*, sem a mediação da preposição (a qual aparece só para introduzir o microssintagma nominal, *tumbeor Nostre Dame*). Daí que é mais verossímil considerar o título "Le Jongleur de Notre-Dame" como uma variação da formulação *Le Bossu de Notre-Dame*, segundo um eixo de substituição paradigmática. Essa suposição pode ser corroborada pelo fato de que a ação do conto de Anatole France é colocada no século xv, exatamente como *Notre-Dame de Paris, 1482*, ao passo que o conto de Gautier de Coincy foi escrito no início do século xiii. Tal datação, escolhida de propósito por Anatole France, reflete sua vontade de libertar-se do modelo medieval para se conectar com o modelo romântico pseudomedieval ou medieval tardio de Hugo, implicitamente sugerido pela similitude entre *Le Bossu de Notre-Dame* e "Le Jongleur de Notre-Dame".

Por fim, é interessante notar que uma das traduções hebraicas de *Notre-Dame de Paris* manteve a menção a Paris, mas substituiu o nome de Notre-Dame pelo termo "bruxa" (*mekhaschefá*): *Ha-Mekhaschefá mi-Paris*, "A Bruxa de Paris" (referindo-se a Esmeralda) em vez de *Notre-Dame de Paris, 1482*[2]. Novamente, a menção à catedral foi eclipsada em favor do nome de uma personagem. Como no caso da tradução inglesa no seu ambiente cultural anglicano, a ocultação do nome da catedral católica no título hebraico é ditada pela vontade de não conferir visibilidade demais ao nome de uma igreja ou ao nome da Virgem Maria. Essa substituição paradigmática foi facilitada pelo fato de a catedral de Paris ter um nome feminino: Notre-Dame, Nossa Senhora. Seguindo uma abordagem que valoriza a polarização romântica entre a mulher-anjo e a mulher-demônio, o tradutor judeu palestino substituiu o nome da Virgem Maria pelo de Esmeralda, considerada bruxa segundo uma leitura

---

2. *Ha-Mekhaschefá mi-Paris,* trad. Iaakov Steinberg, Tel Aviv: [S.n.], 1933.

um pouco superficial da obra (a qual se expressa também na adaptação dos estúdios Disney, em que Esmeralda aparece com olhos verdes fosforescentes e hipnotizantes).

A opção de Victor Hugo, que consistia em considerar a catedral de Paris como a verdadeira heroína do livro, foi substituída por uma perspectiva muito mais clássica, segundo a qual as personagens do romance são Quasímodo e Esmeralda. Trata-se de uma leitura evidentemente redutora do romance gótico dedicado a uma catedral gótica humanizada ou convertida em monumento textual.

Da mesma forma, o romance, *L'Assommoir* (*A Taberna*, na tradução portuguesa), de Émile Zola, foi intitulado, segundo o nome da heroína, *Jervez* (Gervaise) na tradução hebraica de Menashe Levin (1958). Na versão original francesa, o título *L'Assommoir* ("O Atordoador") se refere ao apelido dado ao destilador da taberna frequentada pelos pobres proletários adictos do consumo de bebidas alcoólicas fortes. Assim como a verdadeira heroína de *Notre-Dame de Paris* é a própria catedral, Zola quis conferir uma dimensão teratológica a um objeto inerte, transformando-o em ator central do romance. A tradução portuguesa apaga essa intenção, provavelmente porque se quis transferir para segundo plano a dimensão simbólica da obra de Zola, insistindo no lado realista e naturalista do romance. Quanto à escolha do tradutor israelense, ela reflete a impossibilidade de conceber um livro que não tenha um herói central. Porém, talvez outro fator tenha sido determinante nessa escolha de tradução: dois anos antes da publicação de Menashe Levin, foi lançada uma adaptação cinematográfica de *L'Assommoir* (René Clément, 1956) cujo título era precisamente *Gervaise*.

Em outras traduções do romance, o título reflete uma tentativa de adicionar uma interpretação alternativa que tem, pelo menos, o mérito de respeitar a dimensão simbólica do livro. Em russo e em polonês, o título foi traduzido por "armadilha": *Западня* (*Zapadniá*, "A Armadilha"); *W matni* ("Na Armadilha"). Em sérvio, o livro foi intitulado *Јазбина*

(*Jazbina*, "O Covil") provavelmente por causa da metáfora que assimila o café a um lugar maléfico ou primitivo[3].

Segundo a mesma lógica da personalização mediante a transformação do nome da personagem em designação epônima do romance, o *Grande Sertão: Veredas*, de Guimarães Rosa, que foi traduzido duas vezes para o francês (em 1965, por Jean-Jacques Villard, e em 1991, por Maryvonne Lapouge-Pettorelli), foi transposto nos dois casos como *Diadorim*. Já que o conceito de *sertão* não significa nada para o leitor francês – pelo menos não antes de ler a obra –, ambos os tradutores preferiram alterar o título, focalizando uma figura central do romance.

Às vezes o processo de personalização acontece quando o livro é adaptado ao cinema. Assim, o desenho animado japonês feito a partir do conto "Dagli Appennini alle Ande" ("Dos Apeninos aos Andes"), de Edmondo de Amicis, foi intitulado *Marco* em muitos países (no Brasil, particularmente). No entanto, a versão israelense do mesmo filme recebeu o título de *Ha-Lev*, "O Coração", em referência a *Cuore*, o título do conjunto, do qual a história de Marco constitui apenas uma parte (o conto associado ao mês de maio).

A variação que define o título segundo o público leitor é mais intensa ainda quando o próprio livro põe em cena um diálogo intercultural. Assim, quando o *best-seller* de Jô Soares, *O Xangô de Baker Street*, foi traduzido para o inglês por Clifford E. Landers (1997), o título foi alterado para ser mais transparente à percepção dos leitores anglo-saxões: *A Samba for Sherlock*. É óbvio que a palavra "samba" é muito mais transparente para um leitor estrangeiro que o termo "xangô". Mas é interessante notar que a menção metonímica de *Baker Street* também foi substituída pelo nome do detetive, como se o esforço de esclarecimento que se manifesta na substituição de "xangô" por "samba" tenha sido estendido para a segunda parte do título original, aquela que

---

3. Sobre as traduções dos romances de Zola, ver Alain Pagès; Owen Morgan, *Guide Émile Zola*, Paris: Ellipses, 2002, p. 415-430.

73

precisamente não suscita problema para um leitor anglo--saxão (ao menos para um leitor britânico). Já o tradutor francês François Rosso brincou com as referências culturais relacionadas ao horizonte de seu país e escolheu focalizar a figura mediadora da atriz Sarah Bernhardt no seu título *Élémentaire, ma chère Sarah* (2008), em que a fórmula de Sherlock, *Elementary, my dear Watson*, é afrancesada e feminizada ao mesmo tempo.

A redução personalista de uma obra pode adquirir, às vezes, uma dimensão quase grotesca. Assim, a tradução francesa do maior romance do Schmuel Iosef Agnon, *Tmol Schilschom* ("Ontem Anteontem"), que foi corretamente transposto como *Only Yesterday* em inglês, tornou-se *Le Chien Balak*, "O Cão Balak" (1971), com *Hier avant-hier* permanecendo apenas como o subtítulo dessa tradução. A escolha dos tradutores Ruth Leblanc e André Zaoui, ou da editora Albin Michel, reduz o que é verdadeiramente a epopeia de uma geração (a dos pais fundadores do futuro Estado judaico) a um romance centrado em um cão, figura da fatalidade cuja mordida provoca a morte do herói. A focalização subjetiva que faz passar a saga nacional a uma dimensão meramente individual é característica da resistência mental que alguns judeus franceses daquela época (fim da década de 1960 e início da de 1970) sentiam com respeito ao projeto sionista, percebido como contrário à ideologia da integração do judaísmo à ideologia republicana (o assim chamado "franco-judaísmo"). Geralmente, o problema essencial dos títulos das novelas e dos romances de Agnon é que muitas vezes eles contêm o eco de um versículo bíblico. Porém, no horizonte cultural francês a *Bíblia* não é suficientemente conhecida para poder irradiar aquela familiaridade solene percebida por um público acostumado desde a infância a ouvir seus versículos (mesmo no ambiente laicizado do sistema educacional israelense). Com efeito, o trecho de versículo *Tmol Schilschom*, que foi traduzido como "anteriormente" ou "dantes" na versão de Almeida, aparece como expressão tipicamente bíblica, muito frequentemente atestada nas escrituras sagradas (*Gênesis* 31, 2; 5; *Êxodo* 21, 29; *II Samuel* 3, 17; *Rute* 2, 11 *passim*) e não tanto fora delas.

Ao contrário, pode acontecer de a tradução da obra atenuar a centralidade de uma personagem, transpondo o centro de gravidade de um nível individual para um mais conceitual. Assim, o título do romance *Az Igazi – Judit és az Utóhang* (literalmente, "O Fato Verdadeiro – Judit e o Eco"), do escritor húngaro Sándor Márai, conheceu uma metamorfose nas versões alemã e francesa. Em alemão, o livro foi intitulado *Verwandlungen einer Ehe*, "Metamorfoses de um Casamento", uma escolha do tradutor que foi adotada também no título francês *Métamorphoses d'un mariage*. No entanto, outras traduções insistem na figura de Judit, intitulando o romance com o nome dessa heroína (*Judita*, na versão tcheca) ou com uma paráfrase que se refere a ela por meio de um de seus atributos característicos: *La Mujer Justa*, "A Mulher de Verdade", em espanhol; *La donna giusta*, em italiano. O tradutor brasileiro Paulo Schiller evitou esse dilema com o título minimalista *De verdade*, que reproduz apenas o início do título húngaro *Az Egazi*, "O Fato Verdadeiro".

Esse tipo de transposição pode ter implicações sexistas. O livro *Little Women or Margaret, Jo, Elizabeth and Amy*, de Louisa May Alcott (1868), traduzido como *Mulherzinhas* em português, foi publicado com título muito diferente em francês: *Les Quatre filles du docteur March*. Nessa reformulação, o pai das mulherzinhas, que prima por sua ausência durante quase toda a obra, alcança uma função que não reflete bem a dinâmica do romance.

A adaptação do título tem um efeito poderoso sobre a percepção do conteúdo da obra como positivo ou negativo, otimista ou pessimista. O *best-seller* americano *Cheaper by the Dozen*, "Mais Barato Por Dúzia", de Frank Bunker Gilbreth Jr. e Ernestine Gilbreth Carey (1948), foi traduzido como *Doze é Demais* em português. Essa opção de tradução pode ser considerada o vetor de um julgamento de valor com conotações levemente malthusianas. Na intenção original dos autores, a quantidade de crianças não aparece como algo excessivo, mas, em um país como o Brasil, onde a natalidade está associada ao espectro da miséria, a fórmula *Cheaper by the Dozen*, ressoa de modo quase obsceno. Daí a preferência por um título que insiste no que há de excessivo em se ter doze filhos. Por fim, o título da tradução francesa desse romance, *Treize à la douzaine*, "De Treze a Doze", expressa uma nota duplamente pessimista porque faz alusão à morte prematura de uma das doze crianças (Mary) e ao falecimento do pai da família no fim do romance. Ao que parece, o gosto francês não pode conformar-se com a cordialidade ingênua do original norte-americano. Da perspectiva francesa, é importante valorizar o subtexto triste de um livro aparentemente alegre e positivo.

A alteração do título que acompanha a tradução da obra pode refletir certa interpretação do conteúdo. Além disso, condiciona amiúde a sua recepção no horizonte cultural da língua-alvo. Isso se verifica, por exemplo, nas traduções de *To the Lighthouse*, de Virginia Woolf. Na maioria das línguas foi traduzido ainda mais explicitamente do que na versão original: *Passeio ao Farol*, em português[4]; *Promenade au phare*, em francês; *Gita al faro*, em italiano. Porém, essa explicitação é um modo de sublinhar a dimensão narrativa da obra, ao passo que o título original poderia ser considerado como uma invocação ao farol. O fato de se adicionarem as palavras "passeio", "promenade" ou "gita" reflete uma tomada de posição com respeito à definição genérica da obra: romance com conteúdo narrativo em vez de uma escritura lírico-filosófica em que a trama narrativa se anula ou constitui apenas um pretexto formal para desenvolver uma meditação quase apartada dos acontecimentos exteriores.

O título fornece a chave interpretativa da obra inteira, além de ser um incentivo para o leitor potencial. Assim, as primeiras traduções dos *Demônios*, de Dostoiévski,

---

4. *Passeio ao Farol*, trad. Luiza Lobo, 2. ed., Rio de Janeiro: Nova Fronteira, 1982.

para várias línguas europeias racionalizaram o romance, transpondo o título *Бесы* (*Béssi*), "Demônios", para uma fórmula que significa "possessos": em francês, *Les Possédés*; em inglês, *The Possessed*; em espanhol, *Los Endemoniados*, e em italiano, *Gli indemoniati* ou *Gli ossessi*. Porém, o que o autor quis expressar foi precisamente que suas personagens, além de possuídas pelo diabo, são diabos elas mesmas.

Além da dimensão propriamente hermenêutica, os jogos com o título podem aparecer como uma deriva quase gratuita baseada na semelhança entre os significantes das duas línguas postas em contato pelo ato de tradução. Assim, o tradutor brasileiro do romance *Ha Schivah me-Hodu* ("A Volta da Índia"), de Abraham B. Yehoshua, manteve a palavra *schivah*, "retorno", transpondo-a com o nome do deus indiano *Shiva*, que goza de certa visibilidade no livro[5]. Mas, sobretudo, esse teônimo foi atribuído à filha do narrador, Shiva/Shivi. Se considerarmos que o título brasileiro *Shiva* se refere àquela criança mais do que ao nome da divindade epônima, a escolha do tradutor é um modo de mover o centro de gravidade do romance da figura do narrador, que precisamente abre mão da paternidade, para a figura de sua filha. De modo mais amplo, esse título confere um centro a uma narração fragmentada que, apesar do olhar centralizador do narrador, não tem um verdadeiro centro.

Em um registro mais leve, o título do filme *Il buono, il brutto, il cattivo* (1966), de Sergio Leone, sofreu uma série de transformações interessantes entre a França, Portugal e o Brasil. Em Portugal e na França, esse título tornou-se *O Bom, o Mau e o Vilão* e *Le bon, la brute et le truand*, respectivamente, mas no Brasil o título que contém a lista dos protagonistas foi substituído por *Três Homens em Conflito*. Essa formulação constitui um sumário da trama narrativa, além de moderar o que o título original e a sua tradução para o português de Portugal podem ter de negativo.

---

5. *Shiva,* trad. George Schlesinger, São Paulo: Companhia das Letras, 2000, p. 79-80, 322.

Às vezes, a tradução do título pode ter consequências muito importantes não só de um ponto de vista literário ou comercial, mas também de uma perspectiva política. Assim, a tradução do título *Judenstaat*, de Theodor Herzl, como *O Estado Judaico* nas línguas europeias pode aparecer como uma interpretação tendenciosa das intenções de Herzl, já que em alemão o elemento *Juden-* de *Judenstaat* é um substantivo determinante e não um adjetivo. É precisamente nesse espírito que o título foi traduzido para o hebraico por Michael Berkowitz no mesmo ano da publicação alemã (1896): *Medinat ha-Iehudim*, "O Estado dos Judeus". Enquanto o projeto de criar um Estado judaico ou um Estado pelos judeus era apenas uma utopia, a questão de saber como interpretar o determinante *Juden-* da palavra composta *Judenstaat* não era urgente. Porém, agora que o assunto do caráter judaico do Estado de Israel aparece como uma objeção maior à solução de um Estado para dois povos, a tradução do título do ensaio de Herzl como "O Estado Judaico" ou "O Estado dos Judeus" expressa uma preocupação eminentemente atual. A primeira opção de tradução pode ser interpretada como a expressão do projeto que consiste em conferir um caráter essencialmente judaico a um Estado cuja população conta com 20% de cidadãos árabes. A segunda opção refletiria uma concepção mais contingente do caráter judaico do Estado de Israel, cuja judeidade derivaria só do fato de que a maioria da população é composta de judeus. Porém, ao se privilegiar a solução de um Estado para dois povos (os judeus e os árabes palestinos) não se está garantindo que a maioria continuará judia daqui a algumas décadas. Essa perspectiva pode descartar a legitimidade da primeira interpretação--tradução ("Estado judaico").

Essas reflexões, entretanto, não vieram à mente nem do autor Herzl nem do tradutor Berkowitz. A opção deste último foi, acima de tudo, respeitosa com relação aos usos estilísticos da língua da *Bíblia*, que prefere determinantes substantivos aos determinantes adjetivos. Uma leitura aprofundada do romance de ficção política de Herzl, *Altneuland*

("País Antigo, País Novo"), publicado em 1902, revela que no espírito do fundador do sionismo o caráter judaico do Estado deriva da presença empírica de judeus no país, mais que de uma escolha identitária. A única ideologia do Estado judaico, segundo Herzl, é uma variedade de socialismo utópico que permite o desenvolvimento harmonioso da sociedade. O fato é que, para os judeus russos que emigraram para a Palestina entre 1881 e 1923 e lá fundaram as bases do futuro Estado, o mais importante não era o caráter "judaico" da sociedade que estavam edificando, mas sua essência hebraica, já que na sua mentalidade revolucionária eles queriam transformar o judeu da diáspora em um "hebreu". Só a partir da independência de Israel, em 1948, e talvez de forma ainda mais clara depois da vitória do partido Likud, em 1977, a possibilidade de interpretar *Judenstaat* como "Estado judaico" tornou-se plenamente operativa, embora a tradução hebraica clássica *Medinat ha-Iehudim* não tivesse permitido inferir o caráter essencialmente judaico do Estado sonhado por Herzl.

A propósito de *Altneuland*, é interessante notar que Nahum Sokolov, que traduziu o romance para o hebraico no mesmo ano de sua publicação em alemão, verteu o título da obra com a expressão bíblica *tel aviv* (*Ezequiel* 3, 15), nome de uma localidade da Babilônia onde os judeus exilados de Jerusalém tinham se estabelecido. Essa escolha se deve à figura retórica do oximoro que estrutura o nome de *tel aviv*, literalmente "ruína da primavera". Graças a esse paradoxo, o topônimo bíblico apareceu como um equivalente criativo do oximoro *Altneuland*, "país antigo-novo", o qual é uma variação do nome da velha sinagoga de Praga, a *Altneuschul*, "sinagoga antiga nova". Essa astúcia do tradutor teve repercussões que ultrapassaram o campo da literatura, já que a cidade que foi fundada ao lado de Jafa em 1909 recebeu o nome de Tel Aviv, popularizado graças à tradução de Sokolov.

Outro caso de manipulação na tradução dos títulos é o reaproveitamento de um título de uma obra de arte em outra.

Assim, o filme franco-russo *O Sol Enganador* (Утомленные Солнцем, *Utomlionnie Solntsem*, literalmente "Cansados Pelo Sol"), realizado por Nikita Mikhalkov em 1994, deve seu nome ao título de um tango soviético que constitui o *leitmotiv* da trilha sonora. Na realidade, esse tango, intitulado *O Sol Cansado* (Утомленное Солнце, *Utomlionnie Solntse*), foi a adaptação russa de um tango polonês de Jerzy Peterburski cujo título original era *To Ostatnia Niedziela* ("Aquele Último Domingo"). O fato é que Mikhalkov teve a ideia de alterar levemente o título russo *O Sol Cansado*, transformando-o em *Cansados Pelo Sol*. Porém, em francês, o título do filme parece mais próximo (pelo menos do ponto de vista da estrutura sintática) do título da canção: *Soleil trompeur* ("Sol Enganador"). A tradução portuguesa não é nada mais que a adaptação superficial da versão francesa do título. No entanto, a tradução inglesa é sintaticamente mais fiel ao título original do filme em russo: *Burnt by the Sun*. Assim, as traduções para as outras línguas europeias se repartem entre as duas opções – a primeira é mais conforme à adaptação inglesa do título: *Quemado por el Sol*, em espanhol; *Cremat pel Sol*, em catalão; e a segunda segue de perto o intermediário francês: *O Sol Enganador*, em português; *Il solo ingannatore*, em italiano; *Die Sonne, die uns täuscht*, em alemão; *Schemesch Bogdanit*, em hebraico. Tal divisão pode refletir diferentes circuitos de distribuição do filme, assim como uma vontade de valorizar ou não a canção que empresta seu título a ele.

*Procura de Transparência Etimológica
ou Fascinação Por um Significante Opaco?*

A importância da escolha do termo justo para facilitar a venda ou a difusão de um produto se insere na problemática mais geral do poder atrativo de uma palavra em um horizonte cultural determinado. Em sociedades marcadas pelo nacionalismo ou pelo particularismo, a tradução manifesta a vontade de apropriar-se não só de um produto cultural, como uma obra literária ou cinematográfica, mas também de objetos de consumo corrente. Países eminentemente nacionalistas, como a Itália fascista ou vários Estados da Europa central e oriental, fizeram um grande esforço para dar um equivalente na língua local a itens que em outros países são chamados pelo termo da nação que os inventou. Assim, todos os nomes de jogos de bola como *football*, *basketball*, *volleyball* e *water polo* foram traduzidos em italiano como *calcio*, *pallacanestro*, *pallavolo* e *pallanuoto*. A motivação de Mussolini e dos planejadores da língua italiana foi ditada pela ideologia que considerava a Itália uma nação proletária oposta aos imperialismos britânico e francês. Já que a maioria dos jogos de bola nasceu no mundo anglo-saxão (com exceção do *handball*, inventado na Alemanha), a adoção dos termos e não só do jogo em si podia parecer um reconhecimento implícito da hegemonia cultural britânica. Isso pode explicar a opção dos planejadores linguísticos fascistas de traduzir até os termos mais internacionais, como que para apagar sua origem estrangeira.

No entanto, outros países nacionalistas, mas não necessariamente fascistas, fizeram o mesmo. Em polonês, os nomes desses esportes foram traduzidos como *piłka nożna*, literalmente "bola pedestre", ou seja, futebol; *piłka koszykówka*, literalmente "bola de cesto", basquetebol; *piłka siatkowa*, "bola de rede", voleibol; *piłka wodna*, "bola aquática", polo aquático. O mesmo aconteceu em tcheco, em húngaro, em finlandês, em islandês e em hebraico moderno, ou seja, em línguas que tiveram de manifestar sua visibilidade contra idiomas e culturas hegemônicas.

Há, porém, uma exceção notável na equivalência entre o nacionalismo e o desejo de traduzir todos os nomes de produtos ou artefatos importados do estrangeiro. Em uma sociedade fortemente isolacionista como a japonesa dos séculos precedentes, foi precisamente a não tradução do termo e a sua escritura em *katakana* que permitiram manter uma distância com respeito a produtos que não faziam parte do modo de vida tradicional dos japoneses[6]. Assim, a palavra *pano* é a adaptação da palavra espanhola *pan* (mais provavelmente do que da palavra portuguesa "pão"). A escolha do termo espanhol poderia dever-se a razões de compatibilidade fonética, uma vez que é difícil expressar o valor da vogal nasal portuguesa em japonês. Além disso, a atividade lexicográfica dos jesuítas de Nagasaki teve lugar no período da União Ibérica (1580-1640).

Essa integração parcial do termo ibero-românico é o resultado do trabalho de adaptação cultural efetuado pelos jesuítas de Nagasaki no início do século XVII. Porém, o fato de a palavra *pano* nunca ter sido substituída por alguma palavra autóctone revela que a cultura recipiente não quis reconhecer o produto ou o nome que o designa como parte integrante do seu sistema semiótico e linguístico. O mesmo aconteceu com a palavra *miruku*, "leite", que é a adaptação do inglês *milk* transcrito em *katakana*. Aqui também se nota uma atitude reticente com respeito a um produto profundamente estranho à dieta japonesa tradicional.

Hoje em dia se manifestam tendências contrárias ao nacionalismo linguístico. Em muitos países, é precisamente o uso da palavra estrangeira que pode fazer perceber o produto designado por ela como mais atrativo. Na própria Itália, o gosto pelas palavras americanas, que é diametralmente oposto à antiga política linguística fascista, provoca uma hipertrofia de xenismos na língua. É interessante que até a palavra para "computador" é um empréstimo direto ao inglês *computer*, diferentemente do que ocorreu nas outras línguas românicas, em que os planejadores linguísticos procuraram equivalentes para a palavra inglesa: *ordinateur*, em francês; *ordenador*, em espanhol peninsular, *computadora*, em espanhol da América Latina; *computador*, em português; e *calculator*, em romeno.

---

6. C. Aslanov, Emprunt enthousiaste et emprunt réticent: Essai de typologie de différentes attitudes devant l'emprunt lexical à travers l'exemple du grec et du japonais, *Meta: Translators' Journal*, v. 40, n. 4, p. 540-547, dez. 1995.

Na União Soviética a palavra "computer" foi também simplesmente transliterada como компьютер, apesar do clima antiamericano vigente durante a Guerra Fria. A preferência italiana e russa pelo empréstimo direto do termo em inglês reflete um reconhecimento implícito da superioridade tecnológica americana. O caso italiano pode ser interpretado também como parte de uma estratégia mercadológica. Com efeito, já nos primeiros anos da revolução informática, a italiana Olivetti foi a primeira empresa europeia a comercializar um computador pessoal (o Olivetti M20, lançado em 1982). A manutenção do termo se inseria, assim, na política da Olivetti, que buscava sublinhar o fato de a companhia ter criado seu centro informático, o Olivetti Advanced Technology Center, no coração do Vale do Silício. A palavra estrangeira "computer" é emblemática dessa política que consiste em vender um produto imitado – ou seja, um subproduto – como se fosse uma produção totalmente autêntica, vinda diretamente do país que inventou o objeto em questão.

Hoje em dia, o nacionalismo linguístico se mantém apenas nos lugares onde há confrontação entre a língua nacional e a língua hegemônica. Pensemos, por exemplo, na guerra linguística que opõe o catalão ao castelhano na Catalunha, o flamengo ao francês na Bélgica, o francês ao inglês no Quebec ou o ucraniano ao russo na Ucrânia. No entanto, em países mais seguros da própria identidade nacional a tendência em não traduzir pode ser comparada à preferência esnobe pelos produtos importados[7].

É o mesmo esnobismo que faz preferir uma mercadoria estrangeira a um produto local ou um xenismo linguístico a uma palavra indígena. Porém, o termo estrangeiro não é sempre usado corretamente. O nome "Walkman", que no início era apenas uma marca japonesa dependente do grupo Sony, tornou-se nome comum em muitas línguas. Um substituto especificamente francês, *baladeur* (literalmente,

---

7. Michael Cronin, *Translation and Globalization*, London/New York: Routledge, 2003, p. 97.

"passeador"), tinha sido recomendado pelas instâncias glotopolíticas francesas e quebequenses, mas não foi muito popular nos ambientes juvenis que preferiam o termo globalizado "walkman". É interessante notar que os suecos usavam o termo alternativo "freestyle", que não corresponde ao nome internacionalmente difundido, mas tampouco é sueco. O fato é que na era dos MP3 e MP4, *smartphones* e iPhones, o termo "walkman" já pertence à arqueologia linguística.

A tendência recente que consiste em abster-se de traduzir o termo da língua original revela a força da conotação na língua. Em vários ambientes culturais, algumas línguas são capazes de despertar associações positivas no nível subliminar, sem relação com os conteúdos denotativos das palavras. O pai do romantismo francês, Chateaubriand, já havia percebido que a obscuridade mantida de propósito do latim permitiu a esse idioma manter com eficácia sua função de língua sagrada[8].

Pela mesma razão, os termos do vocabulário especializado podem ter mais impacto quando são mantidos como corpos estrangeiros, dos quais irradia um poder de fascinação sobre os leitores. Assim, no campo da arte pictórica ou musical os termos originais italianos geralmente não são traduzidos para outra língua. O mesmo acontece com os termos culinários franceses: as expressões *vol-au-vent*, *blanquette de veau* e *coq au vin* são mais chiques que *bolo salgado de massa folhada*, *vitela ao molho branco* ou *galinha caipira*. Mesmo quando se trata de produtos populares que refletem os processos da globalização, é possível notar uma intenção mercadológica na preservação do nome original. Assim, a pipoca continua sendo chamada de *popcorn* na França e na Itália, como para ressaltar que o consumo desse produto é um modo de imitar o *american way of life*. O mesmo acontece com *chewing gum*, integrada tal qual ao francês, apesar dos esforços dos puristas que queriam substituí-la por sua tradução literal: *gomme à mâcher* ("goma de mascar").

8. *O Gênio do Cristianismo*, IV, 1, 3.

Segundo o mesmo princípio, quando os termos da filosofia e da psicanálise são usados na forma original alemã, eles têm uma ressonância afetiva maior em razão do poder quase fetichístico que exercem sobre o público. No campo da filosofia, o termo hegeliano *Aufhebung* é frequentemente preferido a "anulação" ou "superação" não só porque expressa os dois conceitos conjuntamente, mas também porque quem usa essa palavra na língua original dá a impressão de ter acesso direto ao texto original de Hegel.

A propósito de outro registro linguístico (a terminologia política e militar do Terceiro Reich), a crítica literária alemã Iris Radisch usou o conceito de *Germano-Chic* para referir-se à proliferação de termos alemães não traduzidos no romance *The Kindly Ones*, de Jonathan Littell[9]. No mesmo espírito, o poeta escocês Gavin Bowd escreveu que esse romance era "a versão nazista do Berlitz"[10]. Porém, a não tradução dos termos alemães não obedece apenas ao desejo de Littell de fazer o próprio herói Max Aue falar de modo verossímil. Corresponde também a uma aspiração pela autenticidade histórica, um pouco como nos filmes sobre a Segunda Guerra Mundial nos quais as réplicas dos alemães não são traduzidas para manter uma opacidade ameaçadora.

Esse exotismo barato obtido graças à não tradução era muito frequente no discurso ocidental sobre a União Soviética. Os termos *glasnost*, "publicidade" (impropriamente traduzido por "transparência" em razão de uma confusão com a palavra alemã *Glas*, "vidro"), ou *perestroika*, "reconstrução", foram usados sem tradução, como se os ocidentais buscassem manifestar *expertise* no campo da sovietologia, disciplina muito prestigiosa até o fim da Guerra Fria.

A renúncia à transparência pode constituir a prova das carências da tradução que apresentamos até agora como essencialmente manipuladora. Porém, a não tradução é ainda

9. Am Anfang steht ein Missverständnis, *Die Zeit*, 14 fev. 2008. A obra de Littell foi traduzida no Brasil como *As Benevolentes* (São Paulo: Objetiva, 2007).

10. Book Review: The Kindly Ones, *The Scotsman*, 7 mar. 2009.

mais enganadora que o esforço de transpor os termos de uma língua para outra. A opacidade do texto original tem uma longa história na tradição cultural do Ocidente, pelo menos até a Reforma protestante, que quis remover o véu de mistério que dissimulava a transparência dos textos sagrados. Já mencionamos o que Chateaubriand escreveu sobre a força encantadora do latim, cuja sacralidade em parte se devia ao fato de o povo não entender essa língua. Na canção *Tempête dans un bénitier*, "Tempestade em uma Fonte de Água Benta", o cantor anarquista francês Georges Brassens expressou ironicamente o que Chateaubriand havia afirmado a sério:

> *Ils ne savent pas ce qu'ils perdent, tous ces fichus calotins*
> *Sans le latin, sans le latin la messe nous emmerde.*
>
> Eles não sabem o que estão perdendo, esses fodidos eclesiásticos,
> Sem o latim, sem o latim a missa fica tão chata!

Dependendo do horizonte cultural, o fator de bajulação pode derivar de uma tradução deliberadamente falsa, ou seja, de uma não tradução, solução preguiçosa, mas às vezes não menos eficaz para captar a atenção do público.

No Ocidente, a vontade de manter o véu de mistério sobre o latim teve até uma justificação dogmática na doutrina do trilinguismo, segundo a qual a *Bíblia* e a liturgia cristã tinham de ser traduzidas apenas para o hebraico, o grego e o latim, ou seja, as três línguas do título da cruz (*titulus crucis*), a inscrição que, segundo a narrativa evangélica, Pôncio Pilatos fixou à cruz (*Lucas* 23, 38; *João* 19, 9). Já que nem o grego nem o hebraico eram opções realistas no Ocidente medieval, só o latim permaneceu como língua de culto.

A estratégia missionária do Império Bizantino, no entanto, usava outros métodos, apesar do etnocentrismo característico da civilização grega. À parte as várias exceções, os bizantinos geralmente abriam a possibilidade de se expressar a fé cristã nas línguas dos povos convertidos ao cristianismo oriental. Na realidade, essa estratégia pode ser considerada tão manipuladora e bajuladora quanto a opção de manter o texto sagrado em uma língua incompreensível para o povo cristão ou para os povos candidatos à cristianização. Quando Úlfilas traduziu a *Bíblia* para a língua goda, depois de 348 E.C., ele criou um alfabeto especial para grafar aquela língua bárbara que até então nunca havia sido escrita, exceto nas poucas inscrições em escritura rúnica. Essa valorização permitiu bajular o sentimento étnico de todos os germanos orientais (visigodos, ostrogodos, burgúndios e vândalos) e foi decisiva na política de *apartheid* que aquelas nações adeptas do cristianismo ariano praticavam com respeito aos próprios súditos de religião católica na Itália, na Espanha e na África do Norte.

O mesmo processo de etnicização do cristianismo mediante a expressão da mensagem cristã na língua local aconteceu um século após a conversão da nação armênia ao cristianismo (no ano 301), quando, em 406, Mesrob Machtots inventou um alfabeto especial para escrever em armênio. Isso permitiu aos armênios traduzir a *Bíblia* e a liturgia para sua língua ancestral, armenizando a fé cristã segundo um processo de etnicização comparável à etnicização do cristianismo em contexto gótico. Assim, os armênios se libertaram dos intermediários grego e siríaco, línguas hegemônicas no Oriente Médio daquela época.

Na segunda metade do século IX, são Cirilo reproduziu o empreendimento de Úlfilas e de Mesrob quando elaborou um ou talvez dois alfabetos (o glagolítico e o cirílico) para grafar a língua eslava[11] e bajular o sentimento étnico dos eslavos. Graças à eslavização do cristianismo na Grande Morávia e na Bulgária, a nova religião já não foi percebida como um implante estrangeiro, mas como a continuação da cultura tradicional.

Porém, com o tempo, o gótico, o armênio clássico e o antigo eslavo eclesiástico tornaram-se tão opacos quanto

11. Sobre as circunstâncias desse empreendimento de tradução, ver Anthony-Emil N. Tachiaos, *Cyril and Methodius of Thessalonica: The Acculturation of the Slavs*, Crestwood: St. Vladimir's Seminary Press, 2001, p. 65-75.

as três línguas do título da cruz. O cristianismo ariano dos germanos orientais desapareceu da cena histórica depois da destruição daqueles reinos bárbaros pelos bizantinos, entre 533 e 553, e da conversão do rei visigodo Recaredo ao catolicismo, em 587. Em nossa época, só eruditos como Jorge Luis Borges são capazes de decifrar o evangelho gótico conservado em poucos manuscritos. Também o armênio clássico para o qual a *Bíblia* e a liturgia cristã foram traduzidas não é completamente inteligível para os próprios armênios, a não ser que tenham estudado especialmente essa língua litúrgica. Quanto ao eslavo eclesiástico, não é transparente nem mesmo para os búlgaros e os macedônios de hoje, embora essa língua seja uma versão antiga do búlgaro e do macedônio.

Os exemplos do gótico, do armênio clássico e do eslavo eclesiástico ilustram como a vontade de escapar à doutrina do trilinguismo produziu o efeito contrário a partir do momento em que a língua da tradução tornou-se também língua sagrada, pouco inteligível ao crente médio. Essa opacidade pode constituir uma vantagem para quem gosta do caráter hierático e misterioso de um idioma quase incompreensível no horizonte cultural moderno.

4. A MANIPULAÇÃO NA INTERPRETAÇÃO SIMULTÂNEA

Um Caminho Repleto de Situações Embaraçosas

A interpretação simultânea é um terreno particularmente adequado para a manipulação no ato de tradução, pelo menos se acreditarmos no provérbio *verba volant, scripta manent*. Aparentemente, o tradutor simultâneo pode permitir-se maior margem de manobra que o tradutor do escrito, já que ele tem sempre a liberdade de se corrigir, retificando a própria palavra. Porém, no momento exato do desempenho oral não é possível adicionar uma nota de tradutor capaz de moderar ou matizar o conteúdo. Assim, embora as palavras voem, é certo que antes de irem embora elas ainda repercutem na memória imediata do público.

Para complicar a tarefa do tradutor simultâneo, ocorrem inúmeras situações particulares nas quais a pessoa cujo discurso está sendo traduzido pelo intérprete é capaz de entender a língua-alvo. Por exemplo, no álbum de Asterix e Obelix, *Asterix e os Godos*, o druida Panoramix surpreende seu tradutor godo quando, de repente, se dirige em godo ao rei dessa nação e revela que o intérprete o está enganando. A representação semiótica da diferença entre as línguas goda e gaulesa é obtida graças ao uso da escritura gótica alemã (que, obviamente, não tem nada em comum com os godos) para aludir à germanidade do idioma.

A situação paradoxal que consiste em traduzir algo para alguém que compreende perfeitamente a língua-fonte é frequente nos encontros entre chefes de Estado, quando o uso da língua oficial do país constitui uma obrigação para o representante da nação.

Acontece também, ao contrário, de a pessoa interpretada fingir saber a língua para a qual seu discurso está sendo traduzido. Essa atitude pode se dever ao "complexo" de não saber o idioma ou à falta de interesse nas palavras do interlocutor. Assim, durante a primeira visita oficial do presidente francês François Mitterrand a Israel, em março de 1982, o primeiro-ministro israelense Menahem Begin teve uma longa conversa privada com o presidente francês. Nesse encontro entre as duas personalidades políticas, o tradutor foi o próprio neto de Begin, o jornalista da televisão israelense Emmanuel Halperin, que, por ter passado toda a juventude em Paris, é perfeitamente bilíngue. Mitterrand, que procurava convencer seu anfitrião a reconhecer a OLP, tinha se lançado em uma argumentação muito longa que Begin não queria escutar. Este interrompeu o neto dizendo em um francês aproximativo: *Je comprends chaque mot!*, "Entendo cada palavra!" Isso, porém, não era verdade, como o demonstra o fato de que, durante o discurso público de Mitterrand perante o parlamento israelense, Begin usou auriculares para acompanhar essa intervenção cujo conteúdo era determinante para o desenvolvimento das relações franco-israelenses. Já que a conversa privada não tinha verdadeira importância para o primeiro-ministro israelense, ele se deu a licença de fingir que compreendia as palavras de Mitterrand sem o intermédio do neto.

O problema do tradutor simultâneo é que sua mediação repercute imediatamente sobre a situação pragmática do discurso. Um erro pode ter consequências irreversíveis sobre a configuração das relações humanas no momento do ato de fala. Conta-se que na Assembleia Geral da ONU um orador citou a réplica de Marcelo em *Hamlet* I, 4: "Há algo de podre no reino da Dinamarca". A citação foi traduzida fielmente para o embaixador da Dinamarca na ONU por um dos intérpretes simultâneos ali presentes. Porém, o diplomata não entendeu que isso era apenas uma citação literária de caráter geral e deixou a sala indignado. Esse mal-entendido deveu-se ao fato de que o tradutor não podia colocar entre aspas aquela frase ofensiva para o orgulho nacional dinamarquês.

Quando se passa da política aos negócios, o papel do tradutor continua fundamental porque no nível subliminar ele condiciona o processo de decisão das partes postas em contato indireto na negociação. Durante o penúltimo ano de existência da União Soviética (1990), alguns representantes da Daewoo me contrataram como tradutor simultâneo em um encontro com um enviado da prefeitura de Leningrado que pretendia comprar computadores e carros fabricados pela empresa coreana. Antes do início da negociação, o funcionário soviético me disse em russo que contava com o meu apoio para influenciar a negociação num sentido que lhe resultasse vantajoso. Ele tratou de acionar em mim uma fibra patriótica russa para me usar como sua toupeira. Obviamente, fingi não entender as alusões que ele fazia no intuito de me trazer para seu lado e traduzi com profissionalismo e neutralidade o conteúdo das suas propostas. Retrospectivamente, entendi por que lhe era tão importante ter-me do seu lado: ele queria enganar tanto seus parceiros coreanos quanto os servidores da prefeitura de Leningrado, aproveitando-se da quase impunidade que caracterizava os últimos anos da Perestroika para fazer uma aquisição fraudulenta.

O Que se Faria Sem os Intérpretes Simultâneos?

Vivenciei uma situação que demonstra a importância capital do tradutor nas relações de negócios num dia em que servia de intérprete entre dois empresários, um francês e outro do Turcomenistão. Eles não tinham nenhuma língua em comum. A certa altura, antes do jantar, fui lavar as mãos e eles ficaram sozinhos. Quando voltei do banheiro, percebi assombrado que os dois parceiros da negociação fingiam golpear-se e gritavam como macacos. Sem nenhum meio verbal para se comunicarem, eles regressaram à dimensão meramente animal da violência simulada que simbolizava o que estavam fazendo na realidade – ou seja, enganando-se mutuamente.

Essa anedota revela a importância imprescindível do tradutor-intérprete não só como vetor de informação (ou de desinformação), mas também como única instância humana e racional na ausência de língua comum entre os interlocutores. O ideal rousseauísta de comunicação não verbal é obviamente uma utopia. Na realidade da comunicação humana, a palavra é incontornável. As pantomimas e as mímicas não são suficientes para instaurar uma comunicação entre os homens porque até no nível semiótico os mal-entendidos são sempre possíveis. No momento da produção do sinal corporal e na ausência de suporte verbal, uma mímica anódina pode parecer obscena a quem pertence a outra cultura. Assim, o gesto comum no Oriente Médio que consiste em juntar os dedos da mão para pedir paciência pode ser percebido como gravemente ofensivo para um ocidental. Um dia, ao atravessar a rua em Paris, fiz esse gesto para pedir a um motorista que me deixasse passar. O homem quase desceu do carro para me bater, pois tinha entendido a minha mímica como um gesto com conotação sexual. O fato de poder me comunicar em francês com aquela pessoa furibunda não ajudou muito, porque o limiar da comunicação verbal e pacífica já havia sido ultrapassado.

No sentido contrário, várias mímicas ocidentais podem passar por totalmente obscenas no Oriente Médio. Uma estudante árabe de Jerusalém me contou que chegou um professor de francês na escola de freiras onde ela estudava. O jovem professor explicava algo com insistência e, para sublinhar a própria explicação, fazia um gesto com as duas mãos que, no âmbito árabe, é percebido como mímica sexual. Esse mal-entendido não podia ser corrigido justamente porque o professor estava ensinando uma língua que suas alunas ainda não conheciam bem e porque ele não sabia árabe. Além disso, pode-se imaginar o ridículo da situação em que um homem jovem parece fazer mímicas sexuais diante de uma sala com quarenta virgens educadas por freiras católicas.

Às vezes, o gestual permanece entendido de maneira incorreta mesmo quando a comunicação verbal se faz numa só língua. Assim, durante uma das numerosas visitas de Umberto Eco a Paris, o intelectual italiano que fala um francês excelente fez o gesto de colocar entre aspas o que estava dizendo. Naquele tempo (foi nos anos 1990), o público francês ainda não estava familiarizado com esse gesto tão usado no horizonte semiótico norte-americano ou americanizado. Além disso, as aspas francesas não têm a mesma forma que as usadas no mundo anglo-saxão. Elas aparecem como duplas setas («...») e não como verdadeiras aspas ("..."; '...'), e essa diferença tipográfica pode explicar por que a mímica de colocar entre aspas não existe no horizonte semiótico francês tradicional. De modo que, no dia seguinte, um jornalista escreveu que Eco abençoou seu público como o teria feito um bispo, por causa da semelhança entre o gesto de pôr entre aspas e a bênção eclesiástica.

O papel do tradutor é imprescindível, mas às vezes torna-se demasiadamente intruso quando ele renuncia à sua neutralidade ideal que consiste em não pronunciar uma palavra mais alto que outra. Porém, no fogo da comunicação verbal, frequentemente se produz um fenômeno de mimetismo que consiste em imitar não só o conteúdo denotativo da mensagem que o tradutor está repetindo em outra língua, mas também sua dimensão conotativa. Isso pode aumentar a tensão na comunicação verbal porque a emoção do texto original se repete duas vezes, o que provoca amiúde uma resposta não menos emocional. Quando não se entende a palavra original do interlocutor, a ênfase ou a emoção podem ser atribuídas à música particular da língua. É bem conhecida a análise de Roman Jakobson que, estando em Praga, percebeu a música da língua tcheca como queixosa porque as vogais longas daquele idioma pareciam similares a um alongamento não fonológico. Em russo, língua que não tem vogais longas no seu sistema fonológico, o alongamento fonético (e não fonológico) das vogais caracteriza um modo vulgar de falar, capaz de expressar queixa, tristeza ou cansaço.

Eu me lembro de, aos quatro anos de idade, ter ouvido pela primeira vez em Nice a fala francesa pronunciada com sotaque meridional. Embora naquela época eu já compreendesse mais ou menos o francês, o tom de voz anormalmente alto dos interlocutores (a cena teve lugar em uma padaria) me fez perceber como uma briga extremamente violenta o que não era nada mais que uma simples conversa entre clientes comentando o tempo que fazia ou a qualidade do pão. Tanto Jakobson em Praga quanto eu em Nice interpretamos a dimensão afetiva da língua segundo os usos característicos da nossa língua materna (o russo, em ambos os casos). Acontece que, diferentemente do francês em boca meridional, a língua russa não tolera uma implicação desproporcional do falante em seu discurso. Mesmo quando os russos ficam bravos, eles não gritam, mas "apitam" entre os dentes.

Ao contrário, o tradutor que adota um tom demasiadamente inexpressivo neutraliza a implicação afetiva dos interlocutores para se conformar apenas ao conteúdo do discurso. Ele funciona como uma válvula na qual as ondas agressivas passam por um processo de filtragem que não deixa nada mais que o conteúdo denotativo da mensagem.

Porém, quando não se trata de uma comunicação imediata, mas da dublagem de um filme, o que pode ser percebido como um defeito torna-se qualidade. Nos países de fala românica, a dublagem é de alta qualidade, não só porque é perfeitamente sincronizada, mas também porque é assumida por atores profissionais totalmente investidos na função mimética. Essa pretensão realística se manifesta também no esforço em respeitar a diferença de gêneros dos atores e dublar os homens com vozes masculinas e as atrizes com vozes femininas.

Os dubladores franceses até inventaram um estratagema que consiste em dublar os filmes norte-americanos com sotaque levemente americano, como para conferir uma nota de exotismo e de autenticidade e evitar a banalização do diálogo. Não se trata de um sotaque verdadeiro, mas de uma convenção que pode ser descrita como um modo pseudoamericano de falar francês. O mesmo fenômeno se nota nas dublagens italianas dos filmes norte-americanos. Mediante o levíssimo sotaque americano transposto para a língua-alvo, procura-se fazer passar o sabor das réplicas originais pela tradução. Essa interferência fonética se integra na problemática mais geral do impacto da língua-fonte sobre a língua-alvo.

A leve americanização da língua-alvo se propaga até em setores alheios ao cinema. Assim, em um *quiz* telefônico francês manifestamente imitado do modelo norte-americano, os animadores que faziam as perguntas falavam com o mesmo sotaque levemente americano dos dubladores dos filmes norte-americanos em francês. Usavam até mesmo a interjeição *oops*, que em inglês expressa a reação a um erro, mas não em francês, língua que tem outras interjeições para indicar esse sentimento.

A difusão desse pseudossotaque americano na língua francesa se deve ao fato de os jovens franceses estarem constantemente expostos a filmes com esse tipo de dublagem em que se conserva algo do sabor da língua-fonte. Além da televisão, eles os acompanham na forma de DVDs, que muitas vezes são dublados ou, pelo menos, têm a opção "dublagem" no cardápio da faixa sonora. Isso pode explicar por que a juventude francesa adotou frequentemente o leve sotaque americano que caracteriza a dublagem dos filmes norte-americanos em francês. Por sua vez, os dubladores costumam imitar o sotaque dos jovens já influenciado pelo sotaque dos dubladores. Trata-se de uma verdadeira convergência entre o estilo da dublagem e a palavra viva.

O impacto dos filmes sobre a palavra viva de uma geração inteira não se limita às dublagens. Ele envolve também a legenda dos filmes, sobretudo nos países onde se prefere inserir legendas a dublar as falas[1]. Em Israel, por exemplo, as legendas dos filmes norte-americanos que manifestam uma tendência à fidelidade excessiva americanizaram as estruturas profundas do hebraico falado pela nova geração. Decalques sintáticos e fraseológicos invadiram o horizonte linguístico e a própria textura da língua. Esse hebraico americanizado dos jovens torna-se língua escrita quando os que usam tal registro linguístico escrevem da forma como falam. A responsabilidade direta por essa evolução da língua cabe, em primeiro lugar, à negligência dos tradutores televisivos que, em vez de procurarem o equivalente dinâmico da réplica, se conformam com uma abordagem preguiçosa, demasiadamente vinculada à fala do original.

Quanto às dublagens em inglês, constituem simplesmente uma sobreposição total da língua-alvo sobre a língua-fonte, sem nenhuma pretensão de deixar uma reminiscência da língua-fonte na língua-alvo. O fato é que a indústria cinematográfica norte-americana prefere adaptar os filmes europeus fazendo *remakes* a dublar um filme europeu preexistente. Essa tendência vem confirmar uma regra do mercado cultural norte-americano que vale também para a recepção das obras literárias: os leitores estadunidenses não gostam muito das traduções em geral e preferem consumir produções originais em língua inglesa[2].

1. Barbara Schwarz, Translation for Dubbing and Voice-Over, em Kirsten Malmkjaer; Kevin Windle (eds.), *The Oxford Handbook of Translation Studies*, Oxford/New York: Oxford University Press, 2011, p. 407.

2. Sobre a pertinência desse axioma quanto à recepção da literatura israelense traduzida para o inglês no mercado norte-americano, ver Alan L. Mintz, *Translating Israel: Contemporary Hebrew Literature and Its Reception in America,* Syracuse: Syracuse University Press, 2001, p. 40.

Existe uma exceção à regra segundo a qual a tradução simultânea tem de ser impessoal, ao passo que a dublagem cinematográfica faz intervir a máxima expressividade. No horizonte cultural russo, os filmes são dublados sem nenhuma pretensão ao realismo. O mesmo ator dubla todas as personagens do filme, tanto masculinas como femininas. Sua voz deliberadamente inexpressiva comunica apenas o conteúdo informativo das réplicas. Além disso, o som original é ainda perceptível atrás da voz do tradutor simultâneo. Em certa medida, esse sistema consiste em ler a viva voz uma legenda virtual. Porém, a legenda escrita é sempre mais breve que a faixa sonora original. Com efeito, ela não consegue conter a totalidade do conjunto constituído pela correlação entre a palavra viva e a imagem[3].

O problema essencial na legendagem dos filmes é que a palavra viva dos atores torna-se texto escrito. Essa inadequação pode resumir-se no adágio latino mencionado há pouco: *verba volant, scripta manent*. Porém, essa discrepância pode ser muito produtiva se for aplicada à situação reversa do tradutor que tem de transpor o texto escrito em palavra viva. No século XVI, o humanista francês Joachim du Bellay, cujo ceticismo com respeito à tradução já mencionei, matizou o próprio ceticismo quando comparou a tradução dos textos latinos e gregos para o francês à passagem da palavra morta para o verbo vivo[4].

Talvez seja possível aplicar essa receita em traduções escritas e considerar que a melhor tradução é aquela que, além de fazer passar o texto-fonte para outra língua, também o faz cruzar a fronteira entre o escrito e a oralidade. Depois de verbalizar (de viva voz ou mentalmente), o tradutor pode registrar por escrito o que concebeu inicialmente como um

3. Sobre a inadequação essencial da legenda com respeito à palavra viva, ver Abe M. Nornes, For an Abusive Subtitling, em Lawrence Venuti (ed.), *The Translation Studies Reader*, 2. ed., New York/London: Routledge, 2004, p. 446-469.

4. Sobre essa concepção de Du Bellay, ver Glyn P. Norton, *The Ideology and Language of Translation in Renaissance France and Their Humanist Antecedents*, Geneva: Droz, 1984, p. 296-298.

texto oral. Com bons motivos, essa filtragem do escrito por uma etapa oral poderia aplicar-se na tradução dos diálogos do cinema com base na faixa sonora do filme ou até mesmo no roteiro.

A mediação do texto oral na passagem de um texto escrito para outro (neste caso, do roteiro para a legenda) tem antecedentes notáveis na história das traduções. Assim, na Toledo de Afonso x (segunda metade do século xiii) é muito provável que os tradutores judeus aos quais devemos as versões de textos árabes para o latim não sejam responsáveis pela finalização do texto na língua-alvo. Já que pouquíssimos judeus medievais sabiam latim, é bem possível que eles tenham traduzido oralmente o texto árabe para o castelhano antigo, que ainda não tinha uma tradição de escritura científica em prosa. Foi sobre a base dessa tradução cursiva do texto árabe para o vulgar castelhano que os clérigos cristãos presentes consignaram em latim o que ouviram da boca dos tradutores judeus.

A Bendita Lembrança
de uma Época Sem Tradutores

O caráter frequentemente inapropriado da mediação do tradutor oral pode despertar certa nostalgia dos períodos abençoados nos quais ninguém precisava desse intermediário problemático para se comunicar com pessoas de outros povos. Porém, será que esses períodos existiram de verdade?

Por razões que provavelmente têm a ver com uma convenção literária, a *Bíblia* quase nunca menciona o intérprete, mesmo quando as personagens do conto não falam a mesma língua. Uma das únicas vezes em que se menciona um tradutor é quando José recorre a um estratagema para fingir que não entende o que seus irmãos estão dizendo (*Gênesis* 42, 23).

A situação é similar nas literaturas grega e romana. Embora os troianos e os gregos falassem idiomas bem diferentes, Príamo é acompanhado apenas por um arauto e não por um intérprete quando vai ao encontro de Aquiles para pedir o corpo de seu filho (*Ilíada*, XXIV.178, 282). Da mesma maneira, Ulisses percorre toda a bacia mediterrânea sem recorrer uma única vez à mediação de um tradutor, mesmo quando se comunica com pessoas supostamente estrangeiras ao seu horizonte cultural. A mesma ausência foi verificada nos contatos entre romanos e etruscos[5].

A ocultação da função do tradutor pode ser devida a uma percepção de mundo etnocentrista que levou a acreditar que as outras nações têm necessariamente de falar a língua do herói. Também é possível imaginar que o tradutor fosse considerado um simples técnico, privado de prestígio, por isso não suficientemente importante para que a narrativa se dignasse mencionar sua existência.

O fato é que o mundo descrito nas literaturas grega e romana aparece como um universo anterior à separação das línguas que tanto preocupa a narrativa bíblica (*Gênesis* 11, 1-9), um *antes de Babel* para parodiarmos o título do livro de George Steiner. O mesmo acontece no teatro shakespeariano ou na cena clássica francesa, em que as figuras da Antiguidade grega ou romana falam inglês ou francês como se o monolinguismo da Inglaterra elisabetana ou da França de Luís XIV tivesse obliterado a diferença linguística. Mais perto de nós, a ficção hollywoodiana reinventou a história universal fazendo todas as figuras históricas falarem inglês (às vezes, com um sotaque convencional).

A falta de tradutor em muitas narrativas nas quais se dá o encontro de povos de línguas diferentes pode ser relacionada simplesmente à capacidade das personagens das lendas de comunicar-se com todos os seres possíveis: não só com pessoas falantes de outras línguas, mas também com os animais e com os deuses. Na lógica do conto, a comunicação verbal nunca é atrapalhada porque a diferença linguística

---

5. Jean Hadas-Lebel, *Le Bilinguisme étrusco-latin*: Contribution à l'étude de la romanisation de l'Étrurie, Paris: Peeters, 2004, p. 5-7, 17-25.

é negada como se constituísse um detalhe secundário. Na realidade, a barreira linguística não é um obstáculo insuperável, já que qualquer pessoa pode aprender a língua de um grupo aloglota. A impossibilidade de integrar uma língua estrangeira só se deve a fatores psicológicos como um etnocentrismo excessivo, o sentimento de superioridade dos falantes de uma língua hegemônica ou a recusa em aceitar a existência do grupo que fala a outra língua.

Procurando a racionalidade que se esconde detrás da fabulação lendária, poderíamos supor que o uso de uma língua franca permitisse não recorrer à mediação do tradutor. A língua franca funcionava como uma instância intermediária mais confiável que o tradutor precisamente porque era coletiva e intersubjetiva. Hoje em dia, o inglês pode assumir essa função mediadora e tornar supérfluos os tradutores simultâneos. Será que apenas nas situações protocolares a mediação do tradutor permite aos interlocutores expressar-se na língua oficial do país que representam? A experiência, porém, demonstra que o fato de se conversar numa língua que não é a língua de nenhum dos interlocutores empobrece consideravelmente a comunicação verbal. A língua franca usada entre o século XVI e o início do século XIX na parte ocidental do Mediterrâneo reduzia-se à comunicação vital, como aparece no dicionário francês-língua franca que foi escrito em 1830 pelos soldados do corpo expedicionário enviados para conquistar a Argélia[6].

Além disso, é possível perguntar se a preeminência do inglês como língua franca da aldeia global poderá se manter mesmo com o declínio irreversível da força econômica e política dos Estados Unidos. Na realidade, o precedente do latim pode tranquilizar quem tinha dúvidas sobre o futuro do inglês como língua franca. Na Europa do Renascimento, o latim assumia uma função de língua franca mesmo nos países que tinham deixado a esfera de influência da Igreja

---

6. *Dictionnaire de la langue franque ou petit-mauresque*, Marseille: Feissat et Demonchy, 1830.

Católica. O judeu holandês Spinoza escreveu sua obra em latim, embora fosse duplamente estrangeiro no mundo católico: como judeu e como cidadão de um Estado identificado com o calvinismo. O protestante Leibniz escreveu 40% dos seus livros em latim. Assim, é muito provável que a escolha do inglês como língua franca sobreviva à preponderância americana no planeta.

O sucesso da língua inglesa apesar do declínio dos países que lhe estão associados pode dever-se a fatores puramente linguísticos. Com sua morfologia minimalista (muito mais fácil que a morfologia das línguas românicas), sua sintaxe muito menos constringente que a alemã, por exemplo, e com o seu léxico tão profundamente romanizado, o inglês está perfeitamente adaptado para servir de plataforma de comunicação entre pessoas provindas de vários horizontes linguísticos.

CONCLUSÃO

O caráter manipulador de qualquer tradução escrita ou oral está intimamente relacionado com a distância entre as línguas ou, talvez, com o fato de os tradutores costumarem saber a língua-alvo melhor que a língua-fonte, motivo pelo qual eles podem conseguir uma resolução superior na língua-alvo. Porém, já que não percebem todos os detalhes da língua-fonte, eles se arriscam a acentuar ou, ao contrário, a diluir as características do texto traduzido. Nessa situação, o tradutor se assemelha a uma pessoa que caminha em um túnel e vê brilhar ao longe a luz da saída. No entanto, esse caminhante está ainda nas trevas um pouco iluminadas por aquela luz afastada. Aliás, o leitor da tradução não suspeita do caráter aleatório do que está lendo.

Será que a situação ideal de um perfeito bilíngue com nível absolutamente idêntico nas duas línguas postas em contato pelo ato de tradução permitiria evitar essa desproporção que os esforços manipuladores procuram dissimular de maneira desonesta, mais que verdadeiramente expor e corrigir? Nosso mundo, caracterizado por grande facilidade de deslocamento e comunicação, favorece a miscigenação e a criação de famílias nas quais as crianças são perfeitamente bilíngues. Talvez o tradutor do futuro venha a ser um daqueles seres mestiços capazes de falar com o mesmo nível de excelência a língua materna e a paterna. Entretanto, o fato de pertencer a um sistema escolar já introduz uma desproporção entre as duas línguas. Mesmo quando as escolas são bilíngues, as várias matérias se repartem entre as duas línguas. Não adianta estudar a mesma disciplina em duas línguas sucessiva ou simultaneamente. Assim, o desequilíbrio no conhecimento das línguas é um dado incontornável, e até os bilíngues perfeitos se encontram em uma situação de defasagem (a não ser quando traduzem para a língua que conhecem um pouco menos bem, de modo que não deixam passar nenhum detalhe do texto original).

O problema principal na interface entre as línguas é que nunca há equivalência perfeita entre os termos de duas línguas, assim como em uma mesma língua a sinonímia absoluta não existe. Para poder continuar a exercer a sua profissão, o tradutor precisa dissimular aos outros, ou talvez a si mesmo, o fato de estar trapaceando.

Depois de ter traduzido tanto na minha vida, concluí que não vale a pena ler textos literários em tradução, e que a melhor coisa é aprender a língua na qual iremos ler o texto. Obviamente essa opção não é sempre possível e não pode constituir algo mais que um horizonte ideal. Porém, revela que, tanto para mim como para outros linguistas, o texto é apenas o instrumento que permite o conhecimento das línguas e não o inverso, o que seria a opção privilegiada dos filólogos, interessados nas línguas só na medida em que elas lhes dão acesso aos textos.

O efeito perverso dessa ordem de prioridade entre a aprendizagem da língua e o conhecimento do texto reside no fator tempo. Com efeito, toma muito mais tempo aprender uma nova língua num nível suficiente para poder ler uma obra literária ou qualquer outro tipo de texto do que ler o texto em tradução. No entanto, essa limitação voluntária constitui uma obrigação muito estimulante para esgotar o campo literário relacionado com algumas línguas bem determinadas. Em minha opinião, é melhor ler todas as obras da literatura grega ou latina no texto original do que passear entre a literatura chinesa, tibetana, turca, georgiana, finlandesa ou albanesa sem entrar profundamente no sistema genérico de uma dada civilização. Surfar entre as obras traduzidas parece o conceito de *fusion jazz* ou *fusion cuisine*, em que se misturam todos os estilos de música ou de comida. Prefiro assistir a um concerto executado por profissionais com certo repertório ou comer em um restaurante especializado em certa tradição culinária a sofrer sob aquelas aproximações em que as músicas e os sabores são tão misturados que não se pode apreciá-los de verdade. Porém, reconheço que há pessoas com ouvido ou estômago menos sensíveis que os meus. Elas talvez gostem das manipulações que permitem nivelar todos os textos possíveis, uma vez que eles são traduzidos para uma língua hegemônica sob a égide da qual coexistem de um modo artificial.

Já que é impossível saber todas as línguas, a tradução aparece como uma concessão necessária. Porém, para minimizar os danos inerentes a essa manipulação trapaceadora, é importante ler o mesmo texto em várias traduções. Quando a língua do original não é conhecida, é interessante experimentar várias traduções do texto para a mesma língua ou para idiomas diferentes. Pessoalmente, gosto das bibliotecas ou das livrarias onde coexistem obras escritas em uma grande diversidade de línguas. Esse é o privilégio de pessoas ou de nações cujas línguas não são tão difundidas sobre a superfície da Terra. Privadas de um modo de comunicação verdadeiramente internacional, essas pessoas e nações são obrigadas a conhecer muitas outras línguas ou, pelo menos, alguma língua de estatura hegemônica para compreender o mundo no qual vivem e para se fazer entender nele.

A percepção da obra através de um prisma amplo, formado por várias traduções, confere um aspecto particular à experiência da leitura. Valéry Larbaud, que além de ter sido um tradutor eminente e um teórico sutil da tradução foi um grande viajante, notou a propósito da doçura italiana "que todos os estrangeiros a sentem diferentemente, cada um segundo seu próprio país e segundo o seu caráter"[1]. Nesse sentido, a capacidade de ler uma mesma obra literária em múltiplas traduções permite perceber cada vez um matiz. Com as várias traduções, o texto passa por um processo de multiplicação que se assemelha ao processo de lapidação de um diamante. Mas a metáfora do diamante lapidado não passa de uma aproximação, já que, usualmente, aquele que lapida o diamante e corta a pedra para criar facetas e ângulos na matéria-prima é uma só pessoa, ao passo que os tradutores do livro para várias línguas são indivíduos diferentes. Mesmo na tradução de um livro para a mesma língua é comum haver uma legião de tradutores, cada tradução buscando superar as precedentes.

Tais considerações sobre a tradução como reveladora do potencial do livro pretendem moderar a posição purista de quem quer ler as obras apenas no original. Embora os tradutores mexam no livro e o alterem até a desnaturação e a falsificação, eles participam da vida do texto e permitem que ele não permaneça rígido. Na Idade Média, quando o texto era fundamentalmente mutável em razão das vicissitudes da transmissão manuscrita, a tradução era só a prolongação da plasticidade ontológica do texto, como sublinharam Zumthor e Cerquiglini nas pesquisas já mencionadas. Essa instabilidade do texto medieval foi consideravelmente limitada pela invenção da imprensa, mas a tradução para várias línguas ou a tradução para uma mesma língua por vários tradutores constitui uma oportunidade para conferir ao texto uma plasticidade evolutiva. A libertação do texto da

1. "Que tous les étrangers la sentent différemment, chacun selon son pays et son caractère", A. O. Barnabooth, son journal intime, 15 juin, em G. Jean-Aubry; Robert Mallet (éds.), Œuvres, Paris: Gallimard, 1958, p. 205.

fixidez à qual o condenava a impressão harmoniza-se com a estética pós-moderna do *work in progress*. Uma vez mais, podemos constatar que a ideologia da pós-modernidade questiona a autoridade do texto original com respeito à sua multiplicação deformadora ao longo das diversas traduções.

Nesse processo de perda exponencial da integridade do texto original, os tradutores-manipuladores aparecem como especuladores, responsáveis por uma deriva inflacionária. O fato de as traduções terem de ser refeitas ou ao menos revisadas periodicamente revela que o valor da tradução é condicionado pelas circunstâncias e conjunturas, como uma ação na Bolsa ou uma moeda não indexada ao ouro. Na realidade, hoje em dia, nenhuma moeda está indexada ao ouro, ou seja, um dos principais critérios que determinam o valor das moedas é a confiança que se pode dar à economia mundial ou à economia norte-americana. Esse fator de confiança mais ou menos justificada é também determinante na relação que os leitores têm com respeito aos tradutores, intermediários necessários, mas pouco confiáveis, entre o polo único representado pelo texto original e a quantidade infinita das traduções. No entanto, essa oposição entre a unicidade do texto original e a soma caótica das traduções precisa ser relativizada, já que frequentemente o original conhece variações não menos preocupantes que as traduções, às vezes responsáveis pelas divergências entre as várias refrações do texto em línguas estrangeiras (como no caso das traduções da *Bíblia* baseadas em diferentes estados do texto original). Aqui se verifica novamente a pertinência da analogia entre as traduções e as moedas. O padrão de referência das traduções é também sujeito a variação e instabilidade, assim como o dólar, moeda à qual são indexadas, direta ou indiretamente, quase todas as moedas do mundo, é altamente sujeito às flutuações do mercado mundial.

No terreno profundamente instável onde a labilidade da tradução é, em grande parte, condicionada pelo caráter proteiforme do texto original, o tradutor-manipulador aparece como um agente que especula sobre a taxa de câmbio.

Além da comissão que recebe por seu trabalho, o agente de câmbio pode obter benefícios das flutuações do mercado monetário internacional. A dimensão de especulação também pode intervir no plano da relação entre a oferta e a procura das línguas nas quais os tradutores de certo país em certa conjuntura são capazes de atuar. As próprias línguas podem ser objeto de especulação, pois quem traduz para uma língua pouco conhecida em certo horizonte linguístico pode, talvez, não só ter o direito de exigir uma maior retribuição como pode contar, virtualmente, com uma margem ainda maior para manipular as duas partes postas em contato pelo ato de tradução.

COLEÇÃO DEBATES
(ÚLTIMOS LANÇAMENTOS)

243. *Os Arquivos Imperfeitos*, Fausto Colombo.
244. *No Reino da Desigualdade*, Maria Lúcia de Souza B. Pupo.
245. *Comics da Imigração na América*, John J. Appel e Selma Appel.
246. *A Arte do Ator*, Richard Boleslavski.
247. *Metalinguagem & Outras Metas*, Haroldo de Campos.
248. *Um Vôo Brechtiano*, Ingrid Dormien Koudela (org.).
249. *Correspondência*, Walter Benjamin e Gershom Scholem.
250. *A Ironia e o Irônico*, D. C. Muecke.
251. *Autoritarismo e Eros*, Vilma Figueiredo.
252. *Ensaios*, Alan Dundes.
253. *Caymmi: Uma Utopia de Lugar*, Antonio Risério.
254. *Texto/Contexto II*, Anatol Rosenfeld.
255. *História da Literatura Alemã*, Anatol Rosenfeld.
256. *Prismas do Teatro*, Anatol Rosenfeld.
257. *Letras Germânicas*, Anatol Rosenfeld.
258. *Negro, Macumba e Futebol*, Anatol Rosenfeld.
259. *Thomas Mann*, Anatol Rosenfeld.
260. *Letras e Leituras*, Anatol Rosenfeld.

261. *Teatro de Anchieta a Alencar*, Décio de Almeida Prado.
262. *Um Jato na Contramão: Buñuel no México*, Eduardo Peñuela Cañizal (org.).
263. *Isaiah Berlin: Com Toda a Liberdade*, Ramin Jahanbegloo.
264. *Indústria Cultural: A Agonia de um Conceito*, Paulo Puterman.
265. *O Golem, Benjamin, Buber e Outros Justos: Judaica I*, Gershom Scholem.
266. *O Nome de Deus, a Teoria da Linguagem, e Outros Estudos de Cabala e Mística: Judaica II*, Gershom Scholem.
267. *A Cena em Sombras*, Leda Maria Martins.
268. *Darius Milhaud: Em Pauta*, Claude Rostand.
269. *O Guardador de Signos*, Rinaldo Gama.
270. *Mito*, K. K. Ruthven.
271. *Texto e Jogo*, Ingrid Domien Koudela.
272. *A Moralidade da Democracia: Uma Interpretação Habermasiana*, Leonardo Avritzer.
273. *O Drama Romântico Brasileiro*, Décio de Almeida Prado
274. *Vodu e a Arte no Haiti*, Sheldon Williams.
275. *Poesia Visual - Vídeo Poesia*, Ricardo Araújo.
276. *Existência em Decisão*, Ricardo Timm de Souza.
277. *Planejamento no Brasil II*, Anita Kon (org.).
278. *Para Trás e Para Frente*, David Ball.
279. *Capitalismo e Mundialização em Marx*, Alex Fiúza de Mello.
280. *Metafísica e Finitude*, Gerd. A. Bornheim.
281. *Brecht na Pós-Modernidade*, Ingrid Dormien Koudela.
282. *Na Cinelândia Paulistana*, Anatol Rosenfeld.
283. *O Caldeirão de Medéia*, Roberto Romano.
284. *Unidade e Fragmentação: A Questão Regional no Brasil*, Anita Kon (org.).
285. *O Grau Zero do Escreviver*, José Lino Grünewald.
286. *Literatura e Música: Modulações Pós-Coloniais*, Solange Ribeiro de Oliveira.
287. *Crise das Matrizes Espaciais*, Fábio Duarte.
288. *Cinema: Arte & Indústria*, Anatol Rosenfeld.
289. *Paixão Segundo a Ópera*, Jorge Coli.
290. *Alex Viany: Crítico e Historiador*, Arthur Autran.
291. *George Steiner: À Luz de si Mesmo*, Ramin Jahanbegloo.
292. *Um Ofício Perigoso*, Luciano Canfora.
293. *Som-imagem no Cinema*, Luiz Adelmo Fernandes Manzano.
294. *O Desafio do Islã e Outros Desafios*, Roberto Romano.
295. *Ponto de Fuga*, Jorge Coli.
296. *Adeus a Emmanuel Lévinas*, Jacques Derrida.
297. *Platão: Uma Poética para a Filosofia*, Paulo Butti de Lima.

298. *O Teatro É Necessário?*, Denis Guénoun.
299. *Ética e Cultura*, Danilo Santos de Miranda (org.).
300. *Eu não Disse?*, Mauro Chaves.
301. *O Teatro do Corpo Manifesto: Teatro Físico*, Lúcia Romano.
302. *A Cidade Imaginária*, Luiz Nazario (org.).
303. *O Melodrama*, J. M. Thomasseau.
304. *O Estado Persa*, David Asheri.
305. *Óperas e Outros Cantares*, Sergio Casoy.
306. *Primeira Lição de Urbanismo*, Bernardo Secchhi.
307. *Conversas com Gaudí*, Cesar Martinell Brunet.
308. *O Racismo, uma Introdução*, Michel Wieviorka.
309. *Emmanuel Lévinas: Ensaios e Entrevistas*, François Poirié.
310. *Marcel Proust: Realidade e Criação*, Vera de Azambuja Harvey.
311. *A (Des)Construção do Caos*, Sergio Kon e Fábio Duarte (orgs.).
312. *Teatro com Meninos e Meninas de Rua*, Marcia Pompeo Toledo.
313. *O Poeta e a Consciência Crítica*, Affonso Ávila.
314. *O Pós-dramático: Um Conceito Operativo?*, J. Guinsburg e Sílvia Fernandes (orgs.).
315. *Maneirismo na Literatura*, Gustav R. Hocke.
316. *A Cidade do Primeiro Renascimento*, Donatella Calabi.
317. *Falando de Idade Média*, Paul Zumthor.
318. *A Cidade do Século Vinte*, Bernardo Secchi.
319. *A Cidade do Século XIX*, Guido Zucconi.
320. *O Hedonista Virtuoso*, Giovanni Cutolo.
321. *Tradução, Ato Desmedido*, Boris Schnaiderman.
322. *Preconceito, Racismo e Política*, Anatol Rosenfeld.
323. *Contar Histórias com o Jogo Teatral*, Alessandra Ancona de Faria.
324. *Judaísmo, Reflexões e Vivências*, Anatol Rosenfeld.
325. *Dramaturgia de Televisão*, Renata Pallottini.
326. *Brecht e o Teatro Épico*, Anatol Rosenfeld.
327. *Teatro no Brasil*, Ruggero Jacobbi.
328. *40 Questões Para Um Papel*, Jurij Alschitz.
329. *Teatro Brasileiro: Ideias de uma História*, J. Guinsburg e Rosangela Patriota.
330. *Dramaturgia: A Construção da Personagem*, Renata Pallottini.
331. *Caminhante, Não Há Caminho. Só Rastros*, Ana Cristina Colla.
332. *Ensaios de Atuação*, Renato Ferracini.
333. *A Vertical do Papel*, Jurij Alschitz
334. *Máscara e Personagem: O Judeu no Teatro Brasileiro*, Maria Augusta de Toledo Bergerman
335. *Razão de Estado e Outros Estados da Razão*, Roberto Romano
336. *Teatro em Crise*, Anatol Rosenfeld
338. *A Tradução Como Manipulação*, Cyril Aslanov

Este livro foi impresso em Cotia,
nas oficinas da Meta Brasil,
para a Editora Perspectiva.